Klaus Stenzel

# Rätselspaß Deutsch

## 50 Kreuzworträtsel
## für die Klassen 5–10

 Auer Verlag

Gedruckt auf umweltbewusst gefertigtem, chlorfrei gebleichtem
und alterungsbeständigem Papier.

3. Auflage 2011
Nach den seit 2006 amtlich gültigen Regelungen der Rechtschreibung
© Auer Verlag
Illustrationen: Charlotte Wagner, Dortmund
Satz: Fotosatz H. Buck, Kumhausen
Druck und Bindung: Aubele Druck GmbH, Bobingen
ISBN 978-3-403-**04140**-5

www.auer-verlag.de

# Inhaltsübersicht

In der folgenden Übersicht finden sich alle Rätsel nach Arbeitsbereichen des Deutschunterrichts in der Sekundarstufe 1 geordnet: **Rechtschreibung** (Dehnung, Schärfung, Schwierige Konsonanten und Endungen), **Fremdwörter, Grammatik** und **Literatur**. Innerhalb dieser Bereiche sind die Rätsel nach Schwierigkeitsgrad geordnet und entsprechen somit in etwa der Progression des Unterrichts. Rätselfragen aus zusammengehörigen Rätseln werden in einem „Testrätsel" als Abschluss wiederholt.

## Rechtschreibung

### Dehnung

| | | | |
|---|---|---|---|
| 1 | Wörter mit -aa- und -oo- | | 6 |
| 2 | Wörter mit -ee- | | 7 |
| 3 | *Test: Wörter mit Doppelvokal* | | 8 |
| 4 | Wörter mit -ai- | | 9 |
| 5 | Wörter mit -iene oder -ine | | 10 |
| 6 | Fast ein ganzes Alphabet mit -ieren | | 11 |
| 7 | Mit oder ohne Dehnungszeichen? | | 12 |
| 8 | *Test: Wörter aus Nr. 4 – 7* | | 13 |

### Schärfung

| | | | |
|---|---|---|---|
| 9 | -tz- oder nur -z- ? | | 14 |
| 10 | Wörter mit -k- | | 15 |
| 11 | Wörter mit -ck- | | 16 |
| 12 | Wörter mit -kk- | | 17 |
| 13 | *Test: Wörter mit -k-, -ck-, -kk-* | | 18 |

### Schwierige Konsonanten und Endungen

| | | | |
|---|---|---|---|
| 14 | Wörter mit -v- | | 19 |
| 15 | Wörter mit -x-, -chs-, -cks-, -gs- und -ks- | | 20 |
| 16 | Am Wortende -is, -as, -us | | 21 |
| 17 | Mehrzahlformen | | 22 |
| 18 | *Test: Wörter aus Nr. 14 – 17* | | 23 |

## Fremdwörter

| | | | |
|---|---|---|---|
| 19 | Fremdwörter mit -ou- | | 24 |
| 20 | Fremdwörter mit -y- | | 25 |
| 21 | Fremdwörter mit -g- | | 26 |

| 22 | Fremdwörter mit -th- | 27 |
| 23 | *Test: Fremdwörter mit -ou-, -y-, -g-, -th-* | 28 |
| 24 | Lieblingsspeisen – und wie man sie schreibt | 29 |
| 25 | Fremdwörter als Adjektive | 30 |
| 26 | Fremdwörter – kreuz und quer 1 | 31 |
| 27 | Fremdwörter – kreuz und quer 2 | 32 |
| 28 | Fremdwörter – kreuz und quer 3 | 33 |
| 29 | Fremdwörter – kreuz und quer 4 | 34 |
| 30 | *Test: Fremdwörter aus Nr. 25 – 29* | 35 |
| 31 | Fremdwörter aus dem Englischen 1 | 36 |
| 32 | Fremdwörter aus dem Englischen 2 | 37 |
| 33 | Fremdwörter aus dem Französischen | 38 |
| 34 | *Test: Fremdwörter aus Nr. 31 – 33* | 39 |

## Grammatik

| 35 | Grammatik 1: Wortarten dt. – lat. | 40 |
| 36 | Grammatik 2: Grammatische Begriffe Teil 1 | 41 |
| 37 | Grammatik 3: Grammatische Begriffe Teil 2 | 42 |
| 38 | *Test: Grammatische Begriffe* | 43 |

## Literatur

| 39 | Literatur Kl. 5/6: Max von der Grün: Vorstadtkrokodile | 44 |
| 40 | Literatur Kl. 5/6: Wilhelm Hauff: Die Karawane | 45 |
| 41 | Literatur Kl. 6/7: Willi Fährmann: Das Jahr der Wölfe | 46 |
| 42 | Literatur Kl. 7/8: Die Nibelungen | 47 |
| 43 | Literatur Kl. 7/8: Griechische Sagen | 48 |
| 44 | Literatur Kl. 7/8: Berühmte Jugendbücher | 49 |
| 45 | Literatur Kl. 8/9: Friedrich Schiller: Wilhelm Tell | 50 |
| 46 | Literatur Kl. 9/10: Johann Wolfgang von Goethe: Götz von Berlichingen | 51 |
| 47 | Literarische Begriffe 1: Lyrik | 52 |
| 48 | Literarische Begriffe 2: Dramatik | 53 |
| 49 | Literarische Begriffe 3: Epik | 54 |
| 50 | *Test: Literarische Begriffe* | 55 |

## Lösungen

| Lösungen | | 56 |

# Vorwort

Die Freude am Rätsel steckt in jedem, vor allem in Kindern und Jugendlichen. Wenn der Reiz der Herausforderung, das Rätsel zu lösen, nicht nur als Selbstzweck mit Unterhaltungswert gesehen wird, sondern diese Motivationskraft zum Lernen und Wiederholen genutzt werden kann, so hat das Rätsel auch im Unterricht seinen Platz. Kreuzworträtsel im Unterricht gewinnen ihre methodisch-didaktische Berechtigung, da sie von der Form her motivieren und herausfordern, gleichzeitig aber auch von ihrem Inhalt her ernsthaftes und doch abwechslungsreiches Lernen in der Übungs- und Wiederholungsphase anbieten.

Die 50 Kreuzworträtsel für den Deutschunterricht in der Sekundarstufe sind lehrbuchunabhängig einsetzbar. Sie sind nach den Arbeitsbereichen Rechtschreibung, Fremdwörter, Grammatik und Literatur aufgeteilt. Innerhalb der Arbeitsbereiche sind sie nach Schwierigkeitsgrad geordnet (siehe Inhaltsübersicht S. 3 f.). Rätselfragen aus thematisch zusammengehörigen Rätseln werden in einem „Testrätsel" als Abschluss wiederholt.

Die Rätsel eignen sich

- für Übungsstunden,
- als Hausaufgaben zur Wiederholung,
- zum Einsatz im Förderunterricht,
- zum Einsatz in der Binnendifferenzierung,
- zum Einsatz in Freiarbeit und Wochenplan,
- für Vertretungsstunden.

Der Lösungsteil ist sowohl als Arbeitserleichterung für die Lehrkraft als auch für die Selbstkontrolle bei offenen Unterrichtsformen gedacht.


Viel Spaß!

# Nr. 1: Wörter mit -aa- und -oo-

Wörter mit -aa- und -oo- sind selten. Am besten lernst du alle, die du bisher nicht kanntest, auswendig.

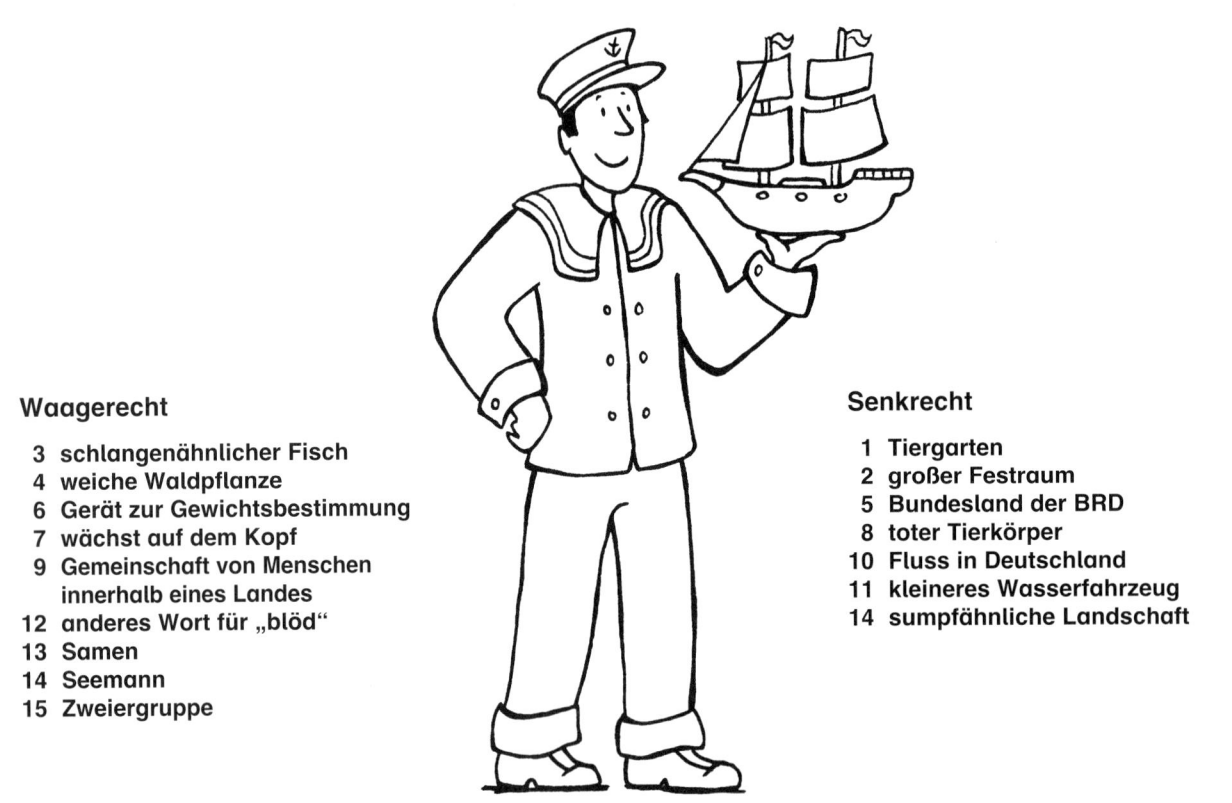

**Waagerecht**

3 schlangenähnlicher Fisch
4 weiche Waldpflanze
6 Gerät zur Gewichtsbestimmung
7 wächst auf dem Kopf
9 Gemeinschaft von Menschen innerhalb eines Landes
12 anderes Wort für „blöd"
13 Samen
14 Seemann
15 Zweiergruppe

**Senkrecht**

1 Tiergarten
2 großer Festraum
5 Bundesland der BRD
8 toter Tierkörper
10 Fluss in Deutschland
11 kleineres Wasserfahrzeug
14 sumpfähnliche Landschaft

# Nr. 2: Wörter mit -ee-

Auch der Doppelvokal -ee- kommt nicht besonders oft vor. Auch hier ist es gut, diese Wörter auswendig zu können.

## Waagerecht

1 Einfall, Gedankenblitz
2 Mehrzahl von „Kaktus"
5 größere Süßwasseransammlung
9 Schiffsbesitzer
11 vierblättriger Glücksbringer
12 weißer Niederschlag im Winter
13 gutes Märchenwesen
15 Straße mit Bäumen auf beiden Seiten
16 Wurfwaffe
17 häufige Marmeladenfrucht
19 Fluss in Berlin
20 schwarzer Straßenbelag

## Senkrecht

2 Getränk aus gerösteten Bohnen
3 Getränk aus Asien
4 Brotaufstrich aus eingedicktem Fruchtsaft
6 Gegenteil von „voll"
7 alle Soldaten eines Landes
8 früher von Sklaven gerudertes Schiff
10 unsterblicher Teil des Menschen
14 Ozean
17 Teil eines Gartens
18 Landstreitkräfte

# Nr. 3: Test: Wörter mit Doppel-Vokal

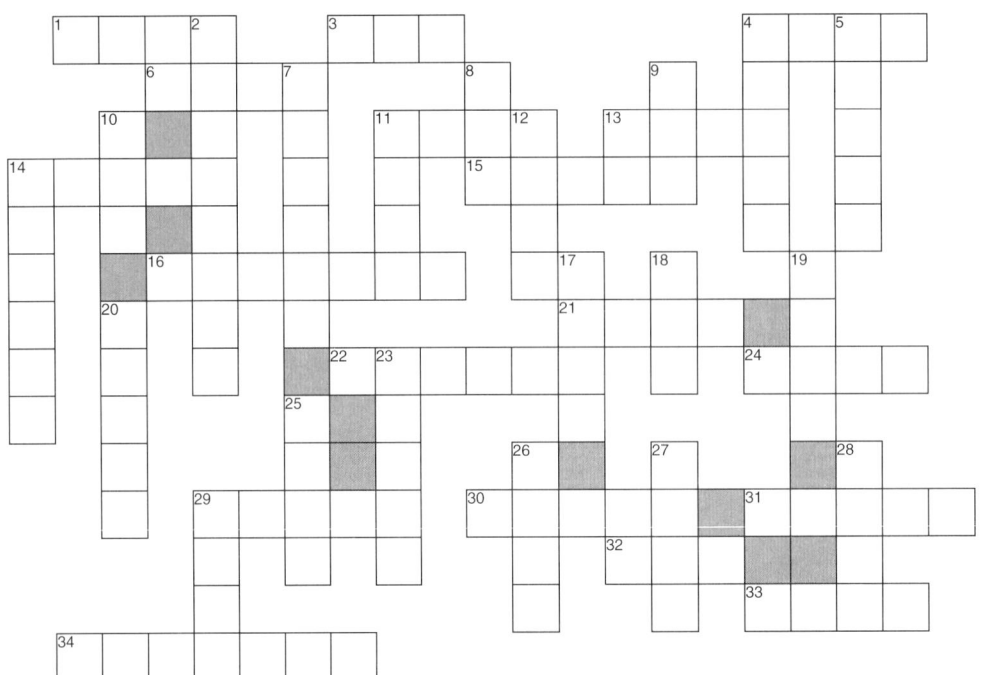

## Waagerecht

1 weiche Waldpflanze
3 schlangenähnlicher Fisch
4 großer Festraum
6 Fluss in Deutschland
11 Seemann
13 Landstreitkräfte
14 Wurfwaffe
15 unsterblicher Teil der Menschen
16 früher von Sklaven gerudertes Schiff
21 anderes Wort für „blöd"
22 Getränk aus gerösteten Bohnen
24 wächst auf dem Kopf
29 häufige Marmeladenfrucht
30 Gerät zur Gewichtsbestimmung
31 Brotaufstrich aus eingedicktem Fruchtsaft
32 gutes Märchenwesen
33 Ozean
34 Mehrzahl von „Kaktus"

## Senkrecht

2 Bundesland der BRD
4 Fluss in Berlin
5 alle Soldaten eines Landes
7 Schiffsbesitzer
8 toter Tierkörper
9 Getränk aus Asien
10 größere Süßwasseransammlung
11 sumpfähnliche Landschaft
12 schwarzer Straßenbelag
14 weißer Niederschlag im Winter
17 Einfall, Gedankenblitz
18 Tiergarten
19 Zweiergruppe
20 Gemeinschaft von Menschen innerhalb eines Landes
23 Straße mit Bäumen auf beiden Seiten
25 Gegenteil von „voll"
26 Samen
27 Teil eines Gartens
28 vierblättriger Glücksbringer
29 kleineres Wasserfahrzeug

# Nr. 4: Wörter mit -ai-

Wörter mit -ai- kann man nicht ableiten.
Man muss sie einfach kennen und schreiben können.

## Waagerecht

1 Raubfisch
2 Monat
3 gekrönter Herrscher
5 altes Wort für Mädchen
6 Krokodil in Südamerika
8 Jäger
10 Feldrand
11 Faultier
13 Getreidesorte
15 Bruder Abels
17 Sturm in der Südsee
18 Fischeier
19 kein Priester und kein Fachmann
20 elternloses Kind

## Senkrecht

1 Wäldchen
2 Stadt in Italien
4 altes Wort für Diener
7 ganzes Brot
9 Nebenfluss des Rheins
12 Hauptstadt Ägyptens
14 Teil einer Geige oder Gitarre
16 Stadt am Rhein

# Nr. 5: Wörter mit -iene oder -ine

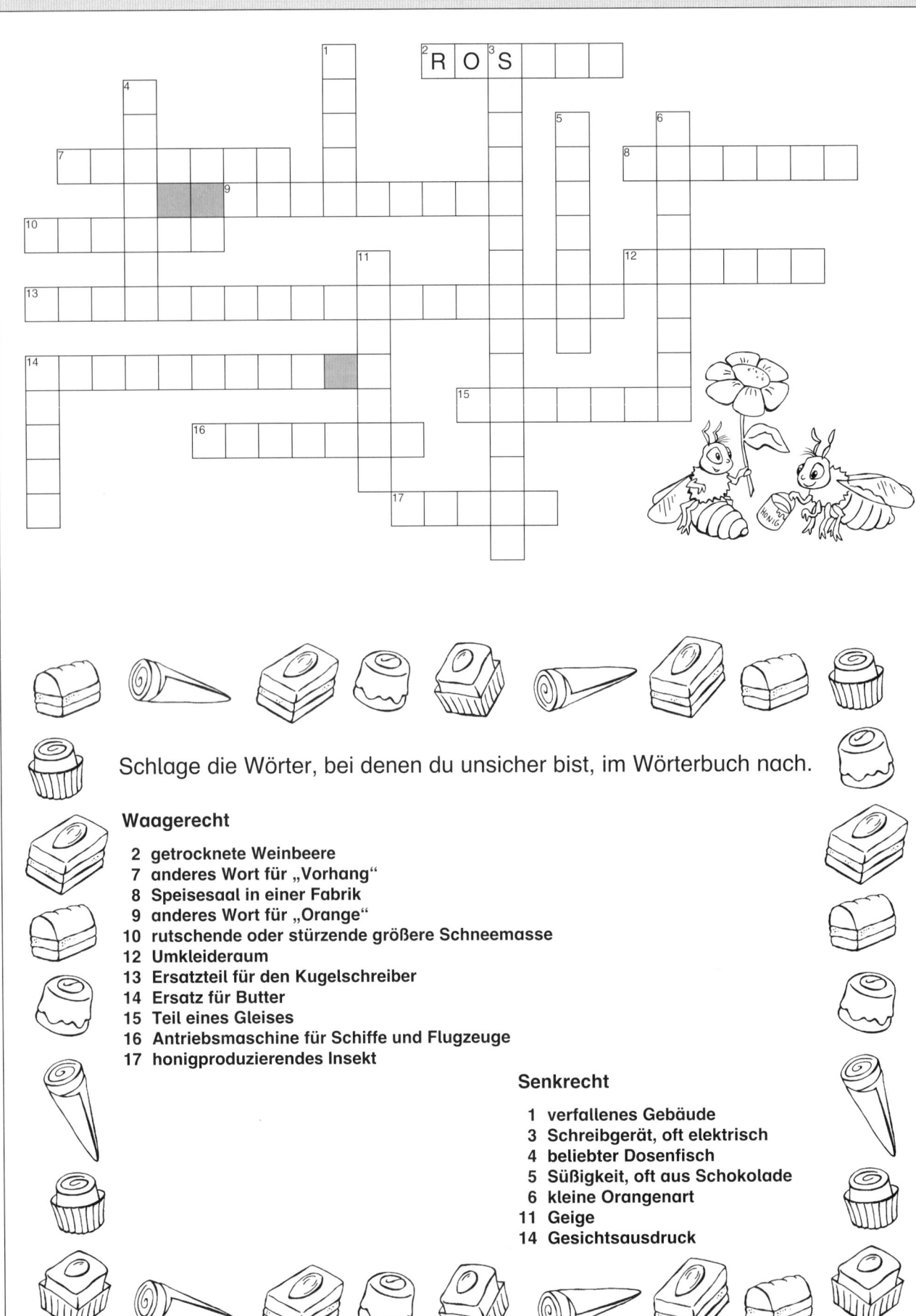

Schlage die Wörter, bei denen du unsicher bist, im Wörterbuch nach.

## Waagerecht

- 2 getrocknete Weinbeere
- 7 anderes Wort für „Vorhang"
- 8 Speisesaal in einer Fabrik
- 9 anderes Wort für „Orange"
- 10 rutschende oder stürzende größere Schneemasse
- 12 Umkleideraum
- 13 Ersatzteil für den Kugelschreiber
- 14 Ersatz für Butter
- 15 Teil eines Gleises
- 16 Antriebsmaschine für Schiffe und Flugzeuge
- 17 honigproduzierendes Insekt

## Senkrecht

- 1 verfallenes Gebäude
- 3 Schreibgerät, oft elektrisch
- 4 beliebter Dosenfisch
- 5 Süßigkeit, oft aus Schokolade
- 6 kleine Orangenart
- 11 Geige
- 14 Gesichtsausdruck

10

# Nr. 6: Fast ein ganzes Alphabet mit -ieren

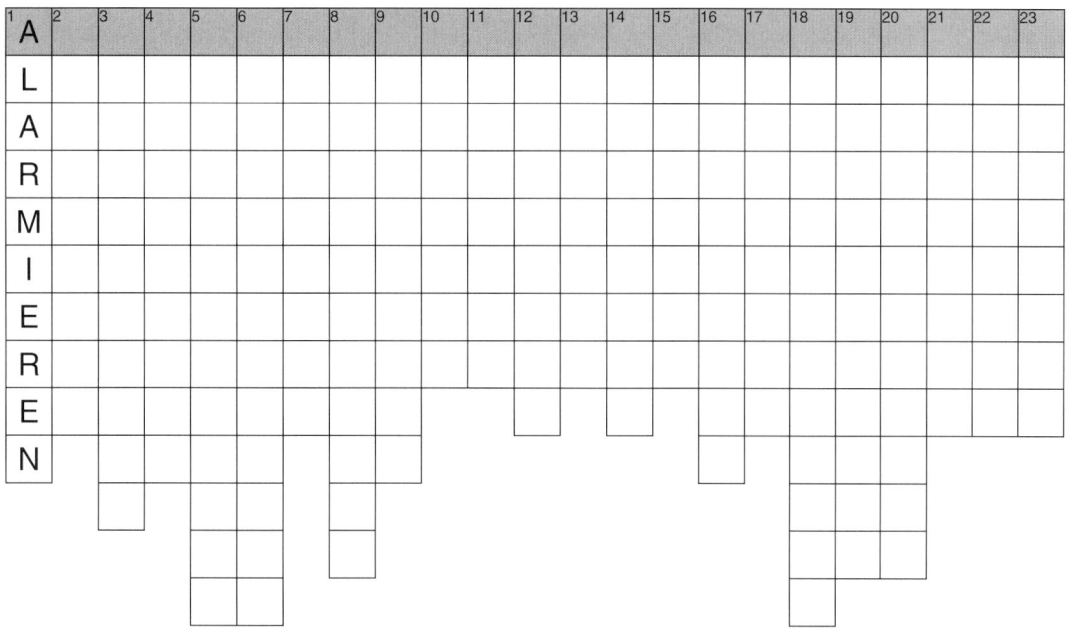

Kannst du mit einem Partner noch weitere 20 Wörter mit -ieren finden?

## Senkrecht

1 Alarm auslösen
2 eine Blamage erteilen
3 Chauffeur für jemanden sein
4 eine Divisionsaufgabe durchführen
5 elektrisch aufladen
6 ein Foto machen
7 in Hälften teilen
8 eine Installation vornehmen
9 in Jubel ausbrechen
10 eine Kopie machen
11 Linien ziehen
12 mit einer Markierung kennzeichnen
13 eine Notiz machen
14 eine Operation durchführen
15 mit Politur einreiben
16 eine Zahl mit sich selbst malnehmen
17 in den Ruin treiben
18 etwas stabil machen
19 das Telefon benutzen
20 in Uniform kleiden
21 eine Verzierung anbringen
22 mit Watte auspolstern
23 Zensuren verteilen

# Nr. 7: Mit oder ohne Dehnungszeichen?

Die Wörter in diesem Rätsel enthalten einen langen Vokal. Aber nicht jedes Wort braucht dafür ein Dehnungszeichen.

**Waagerecht**

3 Teil des Auges
6 kleinere Wasserfahrzeuge (Mehrzahl)
7 Bordrestaurant im Zug
8 gegen
10 Zeitanzeiger
11 Meeressäugetier
14 Gegenteil von „füllen"
16 altes Wort für „Afrikaner"
17 noch einmal
19 (an)streichen; zeichnen

**Senkrecht**

1 Sprengkörper; Innenteil eines Schreibstifts
2 Austräger von Briefen
3 Gesangsstück
4 Stängel, Griff
5 fein zerkleinern, z.B. Korn
9 Gerät zum Wiegen von Briefen
12 sumpfähnliche Landschaft
13 Gegenteil von „falsch, erlogen"
14 unterrichten
15 Ferienzeit
16 Gesichtsausdruck
18 Art, Moderichtung

# Nr. 8: Test: Wörter aus Nr. 4−7

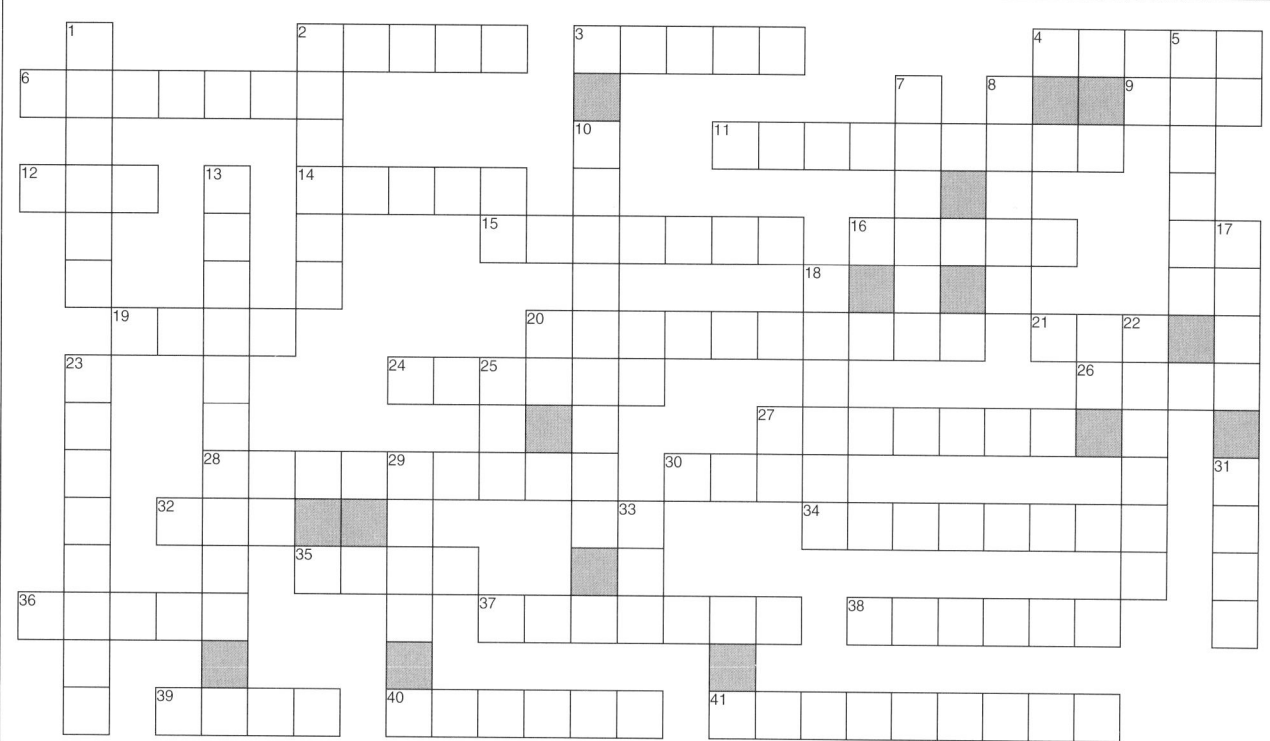

Du kennst alle Wörter in diesem Rätsel schon aus den vorherigen Rätseln − bis auf eines. Welches ist es?

## Waagerecht

- 2 Fischeier
- 3 Stängel, Griff
- 4 Teil einer Geige oder Gitarre
- 6 anderes Wort für „Vorhang"
- 9 Monat
- 11 Ersatz für Butter
- 12 Teil des Auges
- 14 verfallenes Gebäude
- 15 Speisesaal in einer Fabrik
- 16 Gesichtsausdruck
- 19 Gesangsstück
- 20 eine Divisionsaufgabe durchführen
- 21 Zeitanzeiger
- 24 fein zerkleinern, z.B. Korn
- 26 altes Wort für „Afrikaner"
- 27 Süßigkeit, oft aus Schokolade
- 28 anderes Wort für „Orange"
- 30 Sprengkörper; Innenteil eines Schreibstifts
- 32 Ufermauer
- 34 eine Notiz machen
- 35 Getreidesorte
- 36 kleinere Wasserfahrzeuge (Mehrzahl)
- 37 Geige
- 38 Ferienzeit
- 39 Art, Moderichtung
- 40 gekrönter Herrscher
- 41 kleine Orangenart

## Senkrecht

- 1 Umkleideraum
- 2 Gegenteil von „füllen"
- 5 Sturm in der Südsee
- 7 rutschende oder stürzende größere Schneemasse
- 8 honigproduzierendes Insekt
- 10 Zensuren verteilen
- 13 Gerät zum Wiegen von Briefen
- 17 sumpfähnliche Landschaft
- 18 unterrichten
- 22 getrocknete Weinbeere
- 23 Austräger von Briefen
- 25 Raubfisch
- 29 ganzes Brot
- 31 Gegenteil von „falsch, erlogen"
- 33 Meeressäugetier

# Nr. 9: -tz- oder nur -z-?

Für einen Teil der Lösungswörter lässt sich der folgende Merksatz als Eselsbrücke anwenden:

**Nach l, n, r – das merke ja – steht NIE -tz- und NIE -ck-!**

**Waagerecht**

1 kurzer schriftlicher Vermerk
6 Mediziner
8 faul sein, nichts tun
9 Medikament
10 anderes Wort für „reinigen"
11 Gruppe oder Bündelung von zwölf
13 harmloser Streich, Witz
14 kleine Wasserlache
16 Kosename für eine Katze
17 anderes Wort für „starren"

**Senkrecht**

2 Kopfbedeckung
3 Verkehrsknotenpunkt
4 Schreibgerät
5 Maul und Nase bei Tieren
7 Geldstück
12 Gegenteil von „großzügig"
15 spießähnliche Waffe

# Nr. 10: Wörter mit -k-

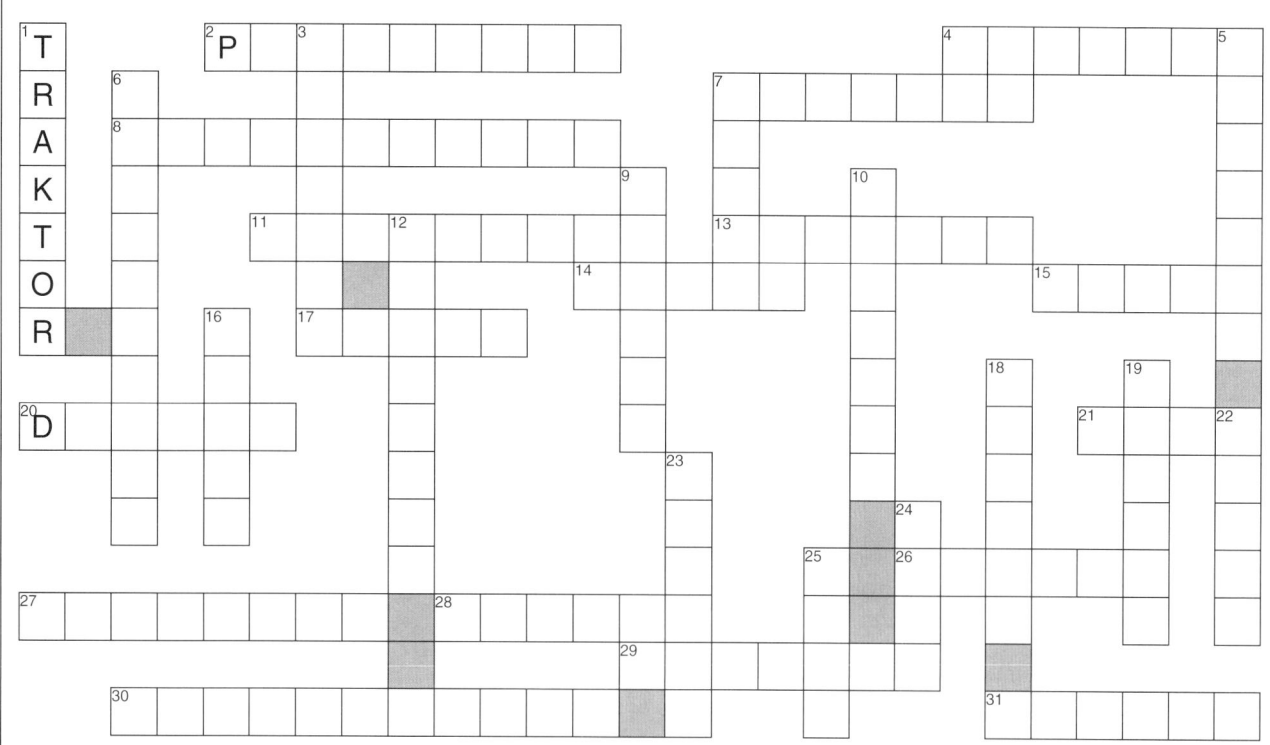

Wenn ihr mit dem Rätsel fertig seid, könnt ihr auch in Partnerarbeit einige besonders schwierige Wörter abfragen oder diktieren.

## Waagerecht

- 2 zweckmäßig, geschickt
- 4 Bezeichnung für Kunststoff
- 7 vollendet, vollkommen
- 8 mit Strom betriebene Kochstelle
- 11 technischer Handwerker
- 13 richtig
- 14 größeres Päckchen
- 15 Milchprodukt
- 17 Gastwirtschaft
- 20 geradewegs, sofort
- 21 Schaumwein
- 26 Regenschutzjacke
- 27 Auseinandersetzung, Streit
- 28 Leiter einer Schule
- 29 Mundart
- 30 Feinkost, feines Lebensmittel
- 31 Krankenhaus

## Senkrecht

- 1 landwirtschaftliche Zugmaschine
- 3 zur Zeit gültig
- 5 Pralinen
- 6 Schreibkraft in einem Büro
- 7 große Trommel
- 9 bildliche Darstellung
- 10 Zeitungsbericht
- 12 gehetzt, aufgeregt
- 16 Hühnerjunges
- 18 Arzt
- 19 kaputt
- 22 Zigarettenfüllung
- 23 Produktionsbetrieb
- 24 Vertrag, Vereinbarung
- 25 Abscheu

# Nr. 11: Wörter mit -ck-

Bei all diesen Wörtern steht vor dem -ck- ein kurzer Vokal.

**Waagerecht**

2 Gartengerät
3 Er schließt den Kochtopf.
5 entzündet das Olympische Feuer
8 anderes Wort für „Schemel"
9 Tier mit Haus auf dem Rücken

**Senkrecht**

1 Gegenteil von „Fußboden"
3 Hunderasse mit kurzen Beinen
4 Uhr, die einen morgens aus dem Schlaf holt
6 legt seine Eier in fremde Nester
7 kurzer Strumpf

# Nr. 12: Wörter mit -kk-

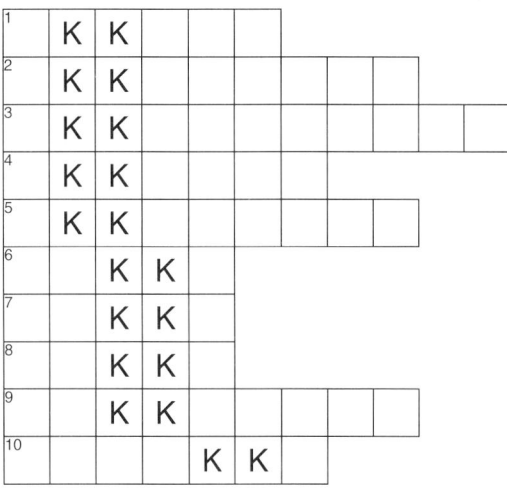

| # | | | | | | | |
|---|---|---|---|---|---|---|---|
| 1 | K | K | | | | | |
| 2 | K | K | | | | | |
| 3 | K | K | | | | | |
| 4 | K | K | | | | | |
| 5 | K | K | | | | | |
| 6 | | K | K | | | | |
| 7 | | K | K | | | | |
| 8 | | K | K | | | | |
| 9 | | K | K | | | | |
| 10 | | | | K | K | | |

Es ist gut und hilfreich, wenn man diese „Ausnahmewörter" auswendig kann.

### Waagerecht

1 **Zusammenklang von Tönen**
2 **Handharmonika**
3 **Gerät zur Speicherung von elektrischer Energie**
4 **genau, präzise**
5 **der 4. Fall**
6 **Geburtsort des Propheten Mohammed**
7 **starkes Kaffeegetränk**
8 **Herrenjackett**
9 **Nudelart**
10 **Staat in Nordafrika**

# Nr. 13: Test: Wörter mit -k-, -ck-, -kk-

## Waagerecht

- 5 Milchprodukt
- 7 starkes Kaffeegetränk
- 8 Handharmonika
- 9 landwirtschaftliche Zugmaschine
- 11 Vertrag, Vereinbarung
- 12 Hühnerjunges
- 14 Feinkost, feines Lebensmittel
- 16 große Trommel
- 17 Arzt
- 18 Auseinandersetzung, Streit
- 20 Abscheu
- 25 Herrenjackett
- 27 genau, präzise
- 28 zweckmäßig, geschickt
- 31 Gastwirtschaft
- 32 Leiter einer Schule
- 33 Uhr, die einen morgens aus dem Schlaf holt
- 34 Zigarettenfüllung
- 35 Bezeichnung für Kunststoff
- 36 geradewegs, sofort

## Senkrecht

- 1 mit Strom betriebene Kochstelle
- 2 anderes Wort für „Schemel"
- 3 größeres Päckchen
- 4 kaputt
- 6 Zeitungsbericht
- 10 Gerät zur Speicherung von elektr. Energie
- 13 Geburtsort des Propheten Mohammed
- 14 Mundart
- 15 Krankenhaus
- 19 legt seine Eier in fremde Nester
- 21 kurzer Strumpf
- 22 Zusammenklang von Tönen
- 23 bildliche Darstellung
- 24 Pralinen
- 26 Regenschutzjacke
- 29 Gegenteil von „Fußboden"
- 30 Schaumwein

# Nr. 14: Wörter mit -v-

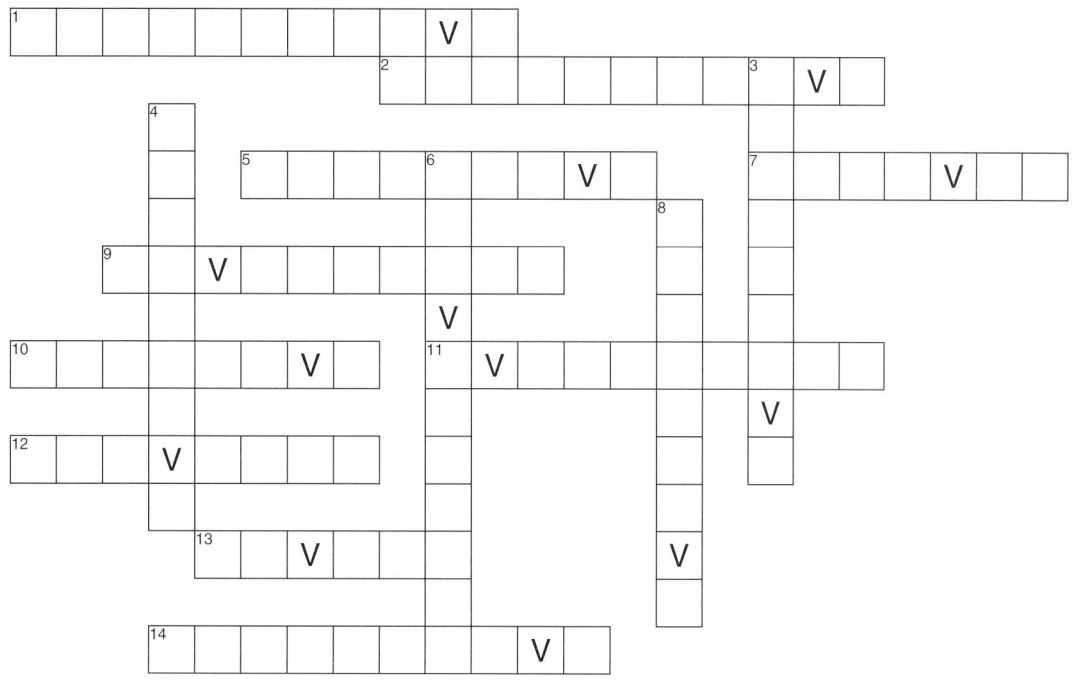

Das „v" in diesen Wörtern wird wie ein „w" gesprochen.

**Waagerecht**

1 Wahlmöglichkeit
2 Sehweise
5 ausschließlich
7 Tierleiche
9 Aufruhr, Umsturz
10 haltbar gemachtes Lebensmittel
11 Teil des Neuen Testaments
12 Essensvorrat
13 Vorweihnachtszeit
14 Entschluss zum Handeln

**Senkrecht**

3 einschließlich
4 Angriff
6 Hochschule
8 Verteidigung

# Nr. 15: Wörter mit -x-, -chs-, -cks, -gs- und -ks-

Alle Wörter dieses Rätsels enthalten den Laut [ks]. Dafür gibt es aber fünf verschiedene Schreibweisen: -x-, -chs-, -cks-, -gs- und -ks-.

## Waagerecht

1 kleines Gebäck
2 Pflanze
6 Spaß
7 Dose
8 anderes Wort für „schnell"
11 anderes Wort für „geradewegs"
12 böse Frau im Märchen
13 Faustkämpfer
15 Furcht
17 Prüfung (z.B. an einer Hochschule)
20 kleiner Riss, Sprung
21 anderes Wort für „auf Reisen"
22 katzenähnliches Wildtier

## Senkrecht

3 umtauschen
4 hundeähnliches Waldtier
5 außerdem, zusätzlich
9 kastriertes Rind
10 Arbeitsräume eines Arztes
14 (Tinten-)Fleck
15 größeres Beil
16 schwarz-weißes Waldtier
18 Gegenteil von „rechts"
19 Grundstoff für Kerzen

# Nr. 16: Am Wortende -is, -as, -us

Die Lösungen für dieses Rätsel haben alle am Wortende nur ein einfaches „s".

**Waagerecht**

- 1 Begebenheit
- 5 Schwierigkeit
- 7 Südfrucht
- 9 Liste
- 10 Haftanstalt
- 11 Gemälde
- 12 Personentransporter
- 16 Modell der Erdkugel
- 18 hergestelltes Produkt
- 19 artistisches Unternehmen
- 20 Frühjahrsblume
- 21 Beistandsabkommen
- 22 Unterlassung

**Senkrecht**

- 1 Resultat
- 2 Genehmigung
- 3 etwas Rätselhaftes
- 4 Dunkelheit
- 6 kühnes Vorhaben, Risiko
- 8 Buch voller Landkarten
- 13 Beerdigung
- 14 Beurteilung am Schuljahresende
- 15 marderähnliches Tier
- 17 große Gartenfrucht

# Nr. 17: Mehrzahlformen

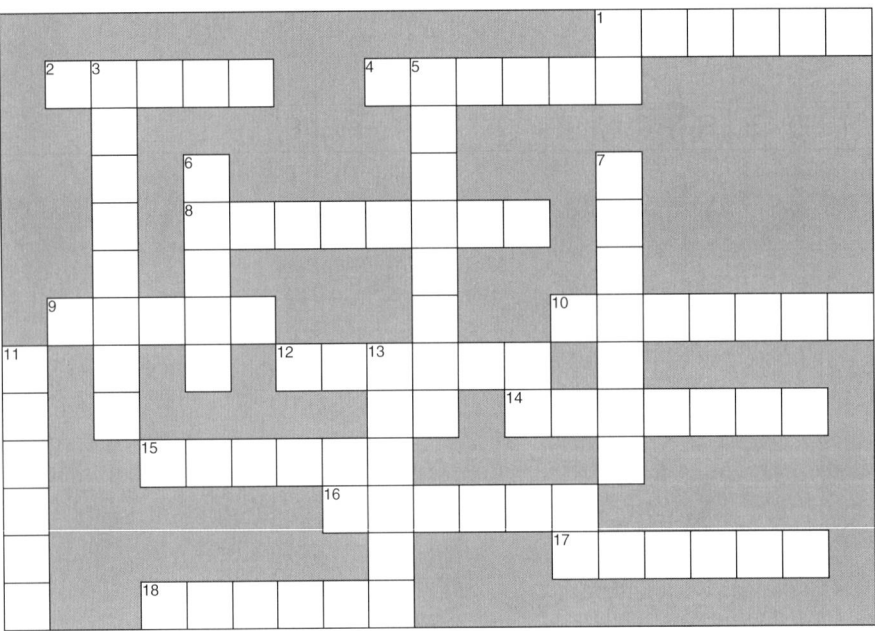

Wenn du dir bei der einen oder anderen Mehrzahlform nicht sicher bist, schlage sie im Wörterbuch nach.

## Waagerecht

1 Mehrzahl von „Konto"
2 Mehrzahl von „Datum"
4 Mehrzahl von „Praxis"
8 Mehrzahl von „Atlas"
9 Mehrzahl von „Liga"
10 Mehrzahl von „Studium"
12 Mehrzahl von „Museum"
14 Mehrzahl von „Tresor"
15 Mehrzahl von „Lexikon"
16 Mehrzahl von „Globus"
17 Mehrzahl von „Firma"
18 Mehrzahl von „Arena"

## Senkrecht

3 Mehrzahl von „Aquarium"
5 Mehrzahl von „Rhythmus"
6 Mehrzahl von „Safe"
7 Mehrzahl von „Kaktus"
11 Mehrzahl von „Thema"
13 Mehrzahl von „Skala"

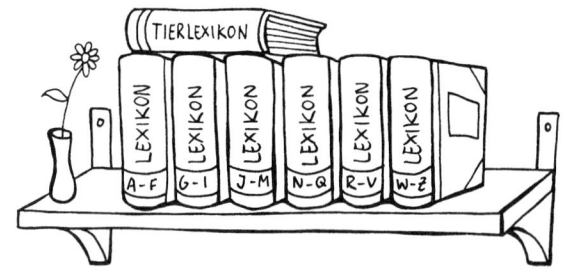

# Nr. 18: Test: Wörter aus Nr. 14–17

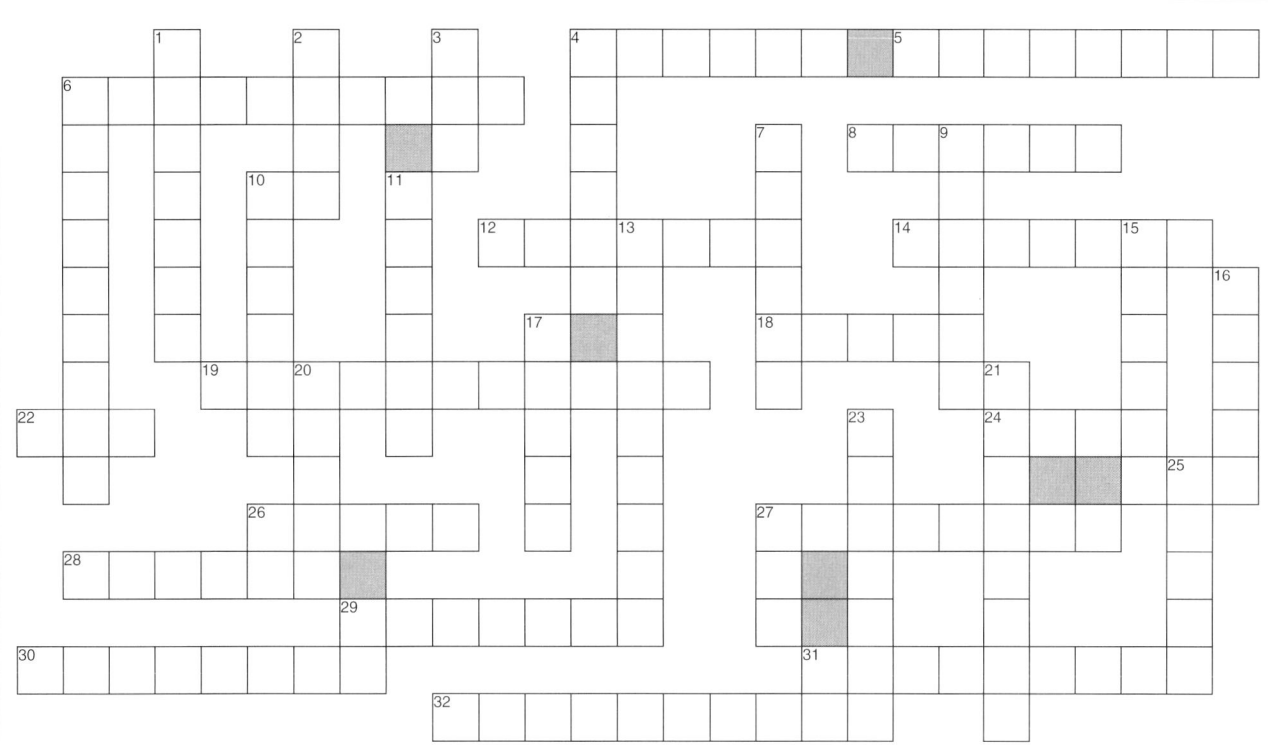

## Waagerecht

4 große Gartenfrucht
5 Essensvorrat
6 Teil des Neuen Testaments
8 Arbeitsräume eines Arztes
12 Beurteilung am Schuljahresende
14 Tierleiche
18 außerdem, zusätzlich
19 Hochschule
22 anderes Wort für „schnell"
24 böse Frau im Märchen
26 Mehrzahl von „Liga"
27 Mehrzahl von „Atlas"
28 (Tinten-)Fleck
29 Personentransporter
30 Mehrzahl von „Aquarium"
31 Schwierigkeit
32 Dunkelheit

## Senkrecht

1 Mehrzahl von „Kaktus"
2 kleines Gebäck
3 Spaß
4 Frühjahrsblume
6 Genehmigung
7 Mehrzahl von „Museum"
9 Südfrucht
10 Vorweihnachtszeit
11 Mehrzahl von „Globus"
13 Haftanstalt
15 Prüfung (z.B. an einer Hochschule)
16 katzenähnliches Wildtier
17 Gegenteil von „rechts"
20 marderähnliches Tier
21 Mehrzahl von „Rhythmus"
23 Gemälde
25 schwarz-weißes Waldtier
27 größeres Beil

Sehr viele Lösungswörter kommen ursprünglich aus dem Französischen.

**Waagerecht**

5 gerolltes Rindfleisch
8 Verfasser von Zeitungsartikeln
10 lange Erfahrung, Alltag
11 Andenken

**Senkrecht**

1 Klang
2 Sonnenschutz am Fenster
3 Fleischbrühe
4 Weg, Reiserichtung
6 Mischgericht aus
  Fleischstückchen
7 Reisebranche
9 Glücksspiel

# Nr. 20: Fremdwörter mit -y-

All diese Wörter mit „y" sollte man auswendig lernen.

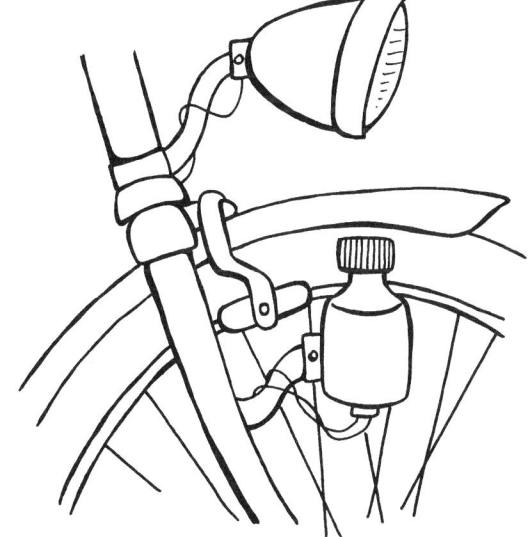

## Waagerecht

1 Schlafanzug
4 bezeichnend
5 Lichtmaschine
7 Infektionskrankheit
9 Gewaltherrscher
10 Sinnbild
11 Gedichte
12 Insel im Mittelmeer
13 Turnübungen

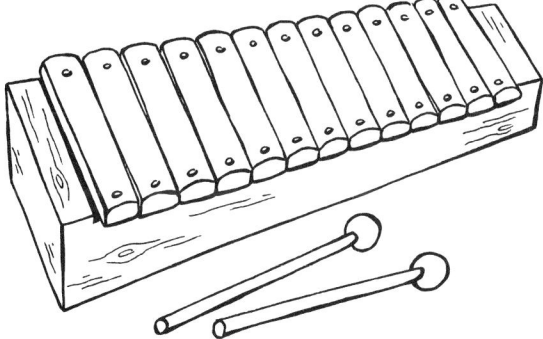

## Senkrecht

1 Naturwissenschaft
2 übermäßig nervös
3 Musikinstrument
6 geheimnisvoll
8 geometrischer Körper; Kopfbedeckung

# Nr. 21: Fremdwörter mit -g-

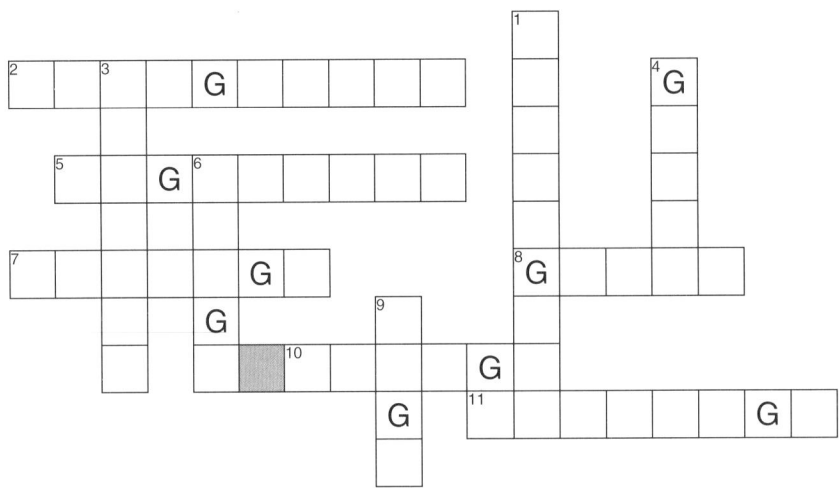

Bei allen Lösungswörtern wird das im Rätsel schon eingetragene G wie [ʒ] oder ein stimmhaftes „sch" gesprochen.

## Waagerecht

2 (einen Künstler) einstellen, beschäftigen
5 wissenschaftlich ausgebildeter Techniker
7 Beschämung, Schande
8 süßer, eingedickter Fruchtsaft
10 Apfelsine
11 hohes Ansehen

## Senkrecht

1 Schiffsreisender
3 altes Wort für „Polizist"
4 Superbegabung
6 Stockwerk
9 Honorar, Lohn von Schauspielern

# Nr. 22: Fremdwörter mit -th-

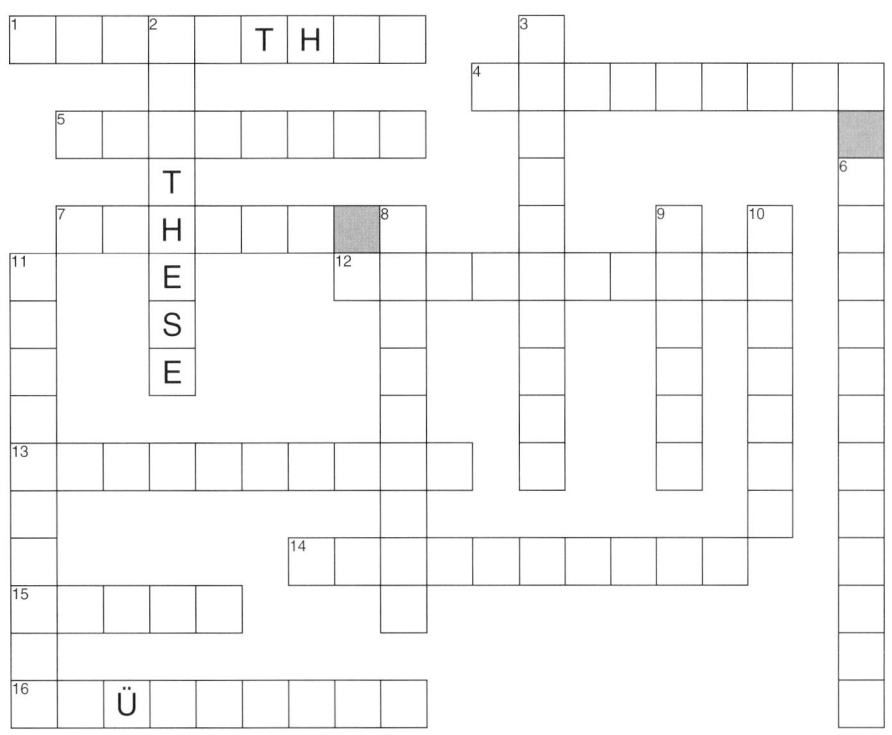

Bei diesen Wörtern ist es gut, wenn man sie und ihre Rechtschreibung kennt.

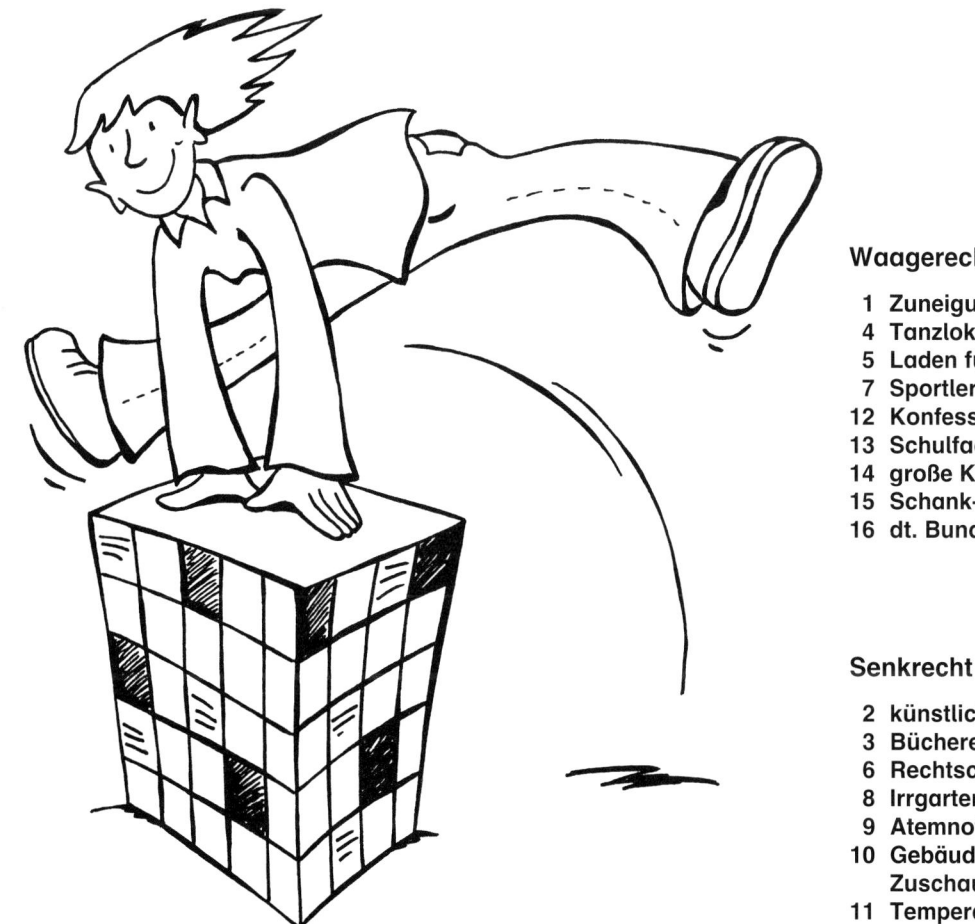

**Waagerecht**

- 1 Zuneigung
- 4 Tanzlokal
- 5 Laden für Arzneimittel
- 7 Sportler
- 12 Konfessionsbezeichnung
- 13 Schulfach
- 14 große Kirche
- 15 Schank-, Ladentisch
- 16 dt. Bundesland

**Senkrecht**

- 2 künstliches Körperteil
- 3 Bücherei
- 6 Rechtschreibung
- 8 Irrgarten, Irrgang
- 9 Atemnot
- 10 Gebäude mit Bühne und Zuschauerraum
- 11 Temperaturregler

# Nr. 23: Test: Fremdwörter mit -ou-, -y-, -g-, -th-

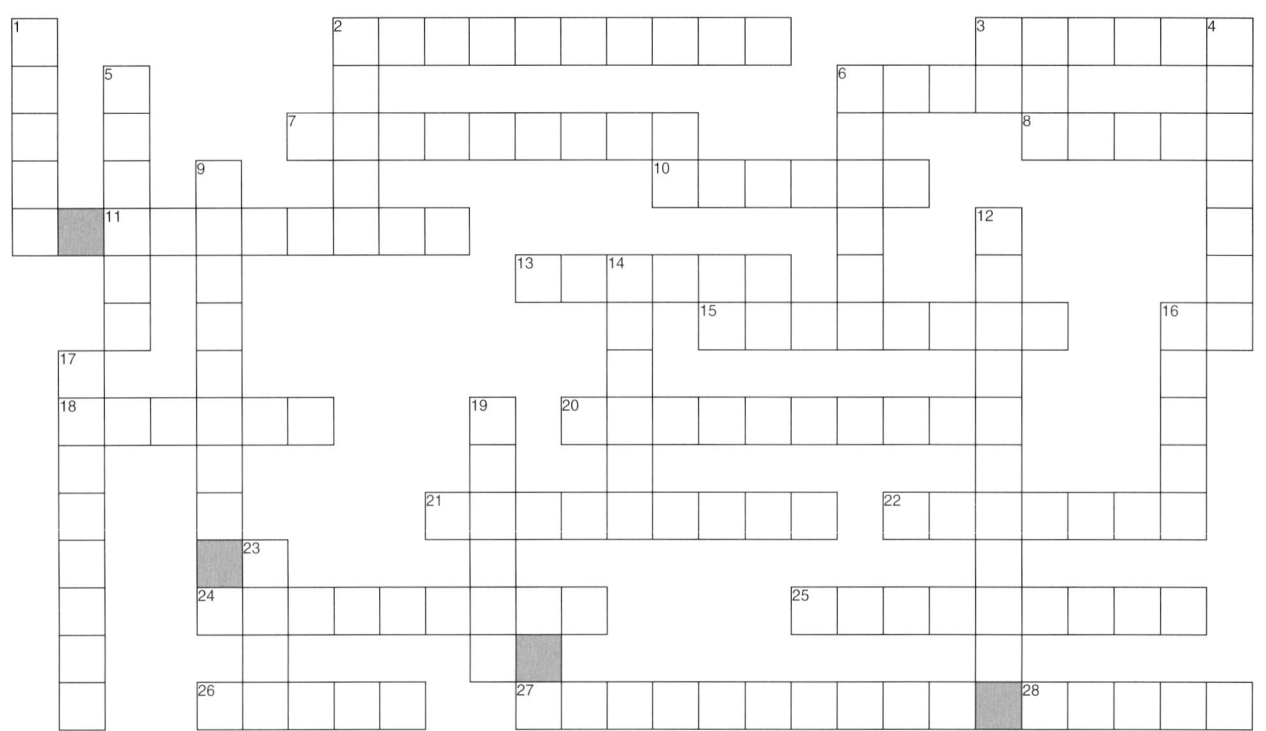

## Waagerecht

2 einstellen
3 Sportler
6 Klang
7 Irrgarten, Irrgang
8 Superbegabung
10 Atemnot
11 Laden für Arzneimittel
13 Infektionskrankheit
15 Glücksspiel
18 Apfelsine
20 große Kirche
21 Zuneigung
22 Beschämung, Schande
24 Schiffsreisender
25 Reisebranche
26 süßer, eingedickter Fruchtsaft
27 Bücherei
28 Weg, Reiserichtung

## Senkrecht

1 Gedichte
2 Stockwerk
4 Gebäude mit Bühne und Zuschauerraum
5 Lichtmaschine
6 Sinnbild
9 Andenken
12 Schulfach
14 Schlafanzug
16 Schank-, Ladentisch
17 Fleischbrühe
19 Naturwissenschaft
23 Honorar, Lohn von Schauspielern

# Nr. 24: Lieblingsspeisen – und wie man sie schreibt

**Waagerecht**

1 gurkenähnliche, violette Frucht
3 Fleischstückchen am Tisch im Topf gegart
6 Hamburger mit Käse
7 gebratener Fleischklops
9 italienischer Auflauf mit Nudelplatten
11 Eis mit Schokoladenstückchen
14 Speisepilz
16 Fleischbrühe
18 türk. Weißbrot mit Fleisch vom Drehspieß (2 Wörter)
19 gebratene Fleischschnitte
20 in Fett gebackene Kartoffelstäbchen (2 Wörter)
21 kleiner gebratener Fleischspieß

**Senkrecht**

2 dünne, fadenartige Nudeln
3 zartes Fleischstück aus der Lende eines Schlachttiers
4 würzige Tomatensoße
5 italienisches Hefebackwerk mit pikantem Belag
8 grünes, gurkenähnliches Gemüse
10 kleine gefüllte Teigtaschen
12 Wurst mit pikanter Soße
13 gerollte und gebratene Fleischscheibe
15 helle, dicke Soße aus Eigelb und Öl
17 Oberbegriff für italienische Nudelgerichte

# Nr. 25: Fremdwörter als Adjektive

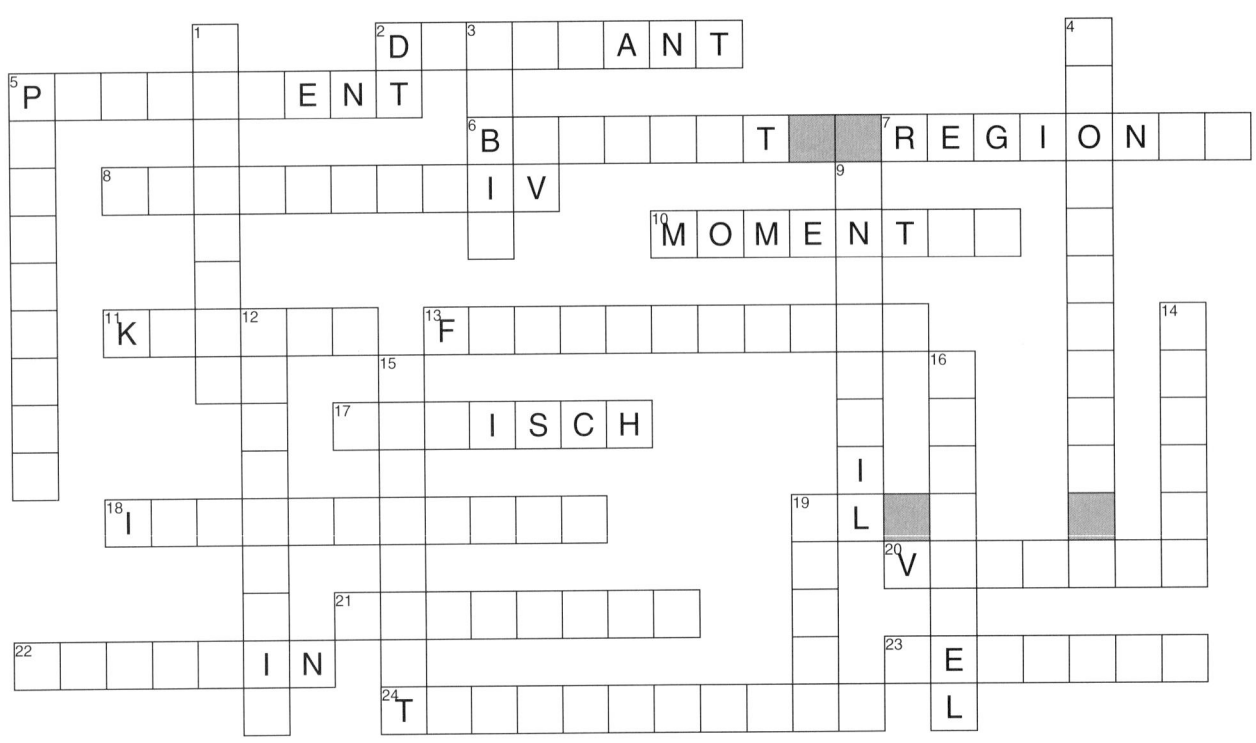

Die Nachsilben -al, -an, -ant, -el(l), -ent, -il, -in, -isch und -iv können dir beim Lösen helfen.

**Waagerecht**

2 vorherrschend
5 dauerhaft
6 heikel
7 auf eine Gegend bezogen
8 wahlweise
10 augenblicklich
11 entgegenkommend, großzügig
13 grundlegend
17 folgerichtig, denkrichtig
18 reizvoll, fesselnd
20 auf das Sehen bezogen
21 verstandesmäßig
22 weiblich
23 vollendet
24 durchsichtig

**Senkrecht**

1 teilweise
3 beweglich
4 fortschrittlich
5 einleuchtend
9 kindlich
12 gewalttätig, angriffslustig
14 mit Worten ausgedrückt
15 ständig gleich bleibend
16 empfindlich
19 menschlich

# Nr. 26: Fremdwörter – kreuz und quer 1

**Waagerecht**

4  Anschrift
5  Verkaufsbude
8  Straße mit Bäumen an beiden Seiten
10  Laden für Medikamente
11  Erläuterung, Erklärung
13  mehrere Zuschauer oder Zuhörer
14  Verschreibung eines Arztes
15  Behälter für Zierfische
16  geplanter Weg einer Fahrt
17  Besprechung
18  Briefwechsel
19  bebilderte Zeitschrift
20  WC

**Senkrecht**

1  Besonderheit
2  Kunsttanz
3  Jugendlicher zwischen 13 und 19
6  regelmäßige Überprüfung
7  sich ergeben
9  Freisitz auf ebener Erde
12  Kriminalist

# Nr. 27: Fremdwörter – kreuz und quer 2

## Waagerecht

2 Arbeitsraum eines Chemikers
4 große Heeresabteilung
8 Heiligensage
9 Teil des Gedichts
11 Behälter für eine Brille
12 Fußhebel am Fahrrad
13 Wagnis, Gefahr
15 Maschine
17 Zeitungsanzeige
18 Verfasser
19 Kriechtier
20 Meinungsaustausch

## Senkrecht

1 Erdkunde
3 Gehilfe
5 Augenblick
6 Nachschlagewerk
7 sehr harter, moderner Baustoff
10 Seher, Verkünder
14 Gewinn
16 Kennzeichen, Sinnbild

# Nr. 28: Fremdwörter – kreuz und quer 3

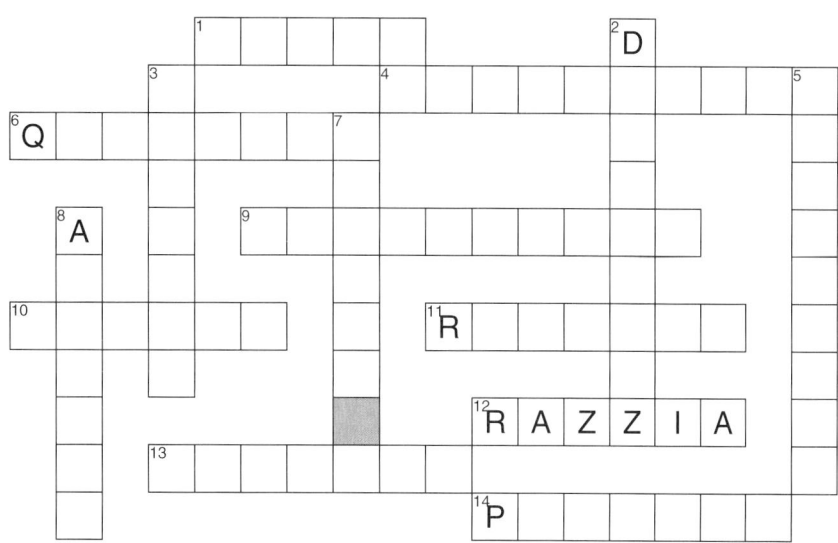

**Waagerecht**

1 Material für Angelschnüre
4 Versuch
6 Unterkunft
9 Bücherei
10 Aufruf
11 Achtung, Ehrfurcht
12 Fahndungsaktion der Polizei
13 Abrichtung von Tieren
14 Munition für Pistole und Gewehr

**Senkrecht**

2 Unterschied
3 Seher, Verkünder
5 Wissenschaft von „Gott"
7 Preisnachlass
8 Straßenbelag

# Nr. 29: Fremdwörter – kreuz und quer 4

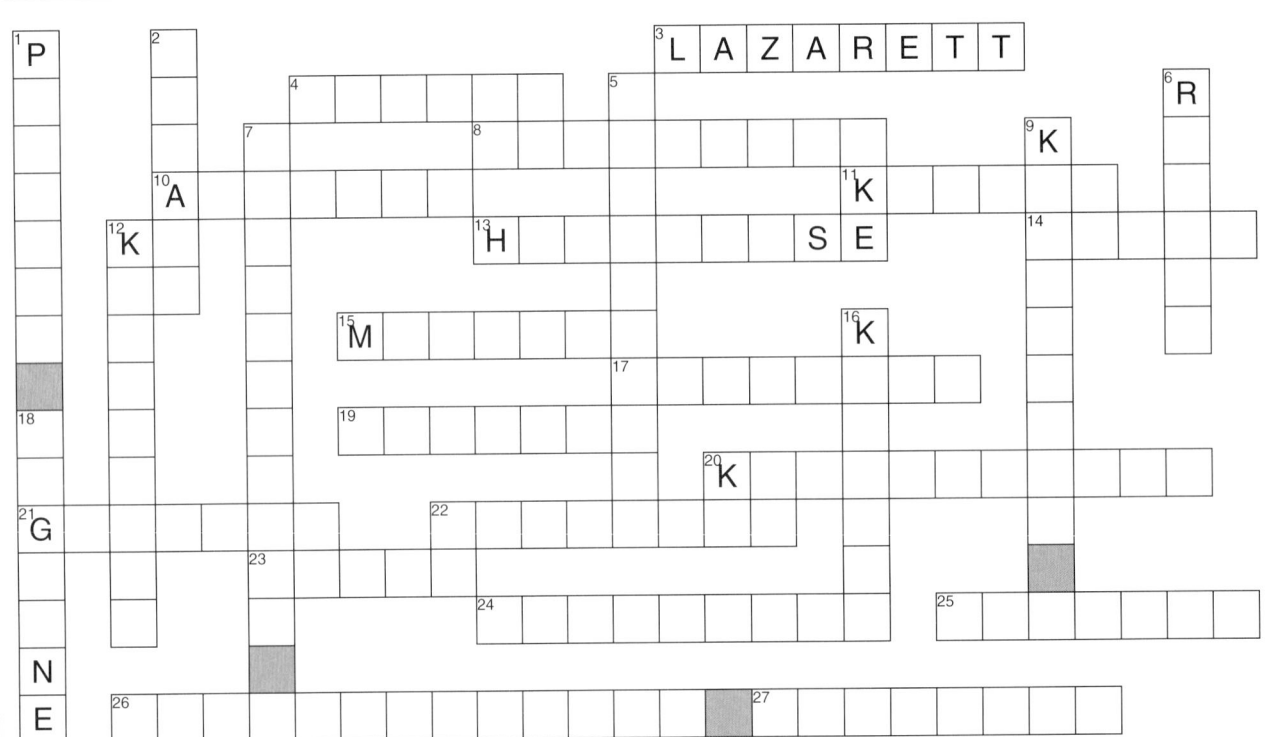

**Waagerecht**

3 Militärkrankenhaus
4 feiner Unterschied
8 Befragung
10 genaue Untersuchung
11 Weltall
13 Annahme
14 Lehre vom folgerichtigen Denken
15 Unglück
17 Hochmut
19 Feinschmecker
20 schlimmes Ereignis
21 Milchstraße
22 Behälter für Geld, Filme, Tonbänder
23 Wohnsitz der griech. Götter
24 Irrgarten
25 Wort mit gleicher Bedeutung
26 Verständigung
27 Erstaufführung

**Senkrecht**

1 gespenstische Erscheinung
2 Einzelheit
5 Volksherrschaft
6 zugeteilte Menge
7 fesselnde Wirkung
9 Zusammenstoß
12 Überwachung, Überprüfung
16 Entzündung der Atemwege
18 Sauberkeit

# Nr. 30: Test: Fremdwörter (Nr. 25 – 29)

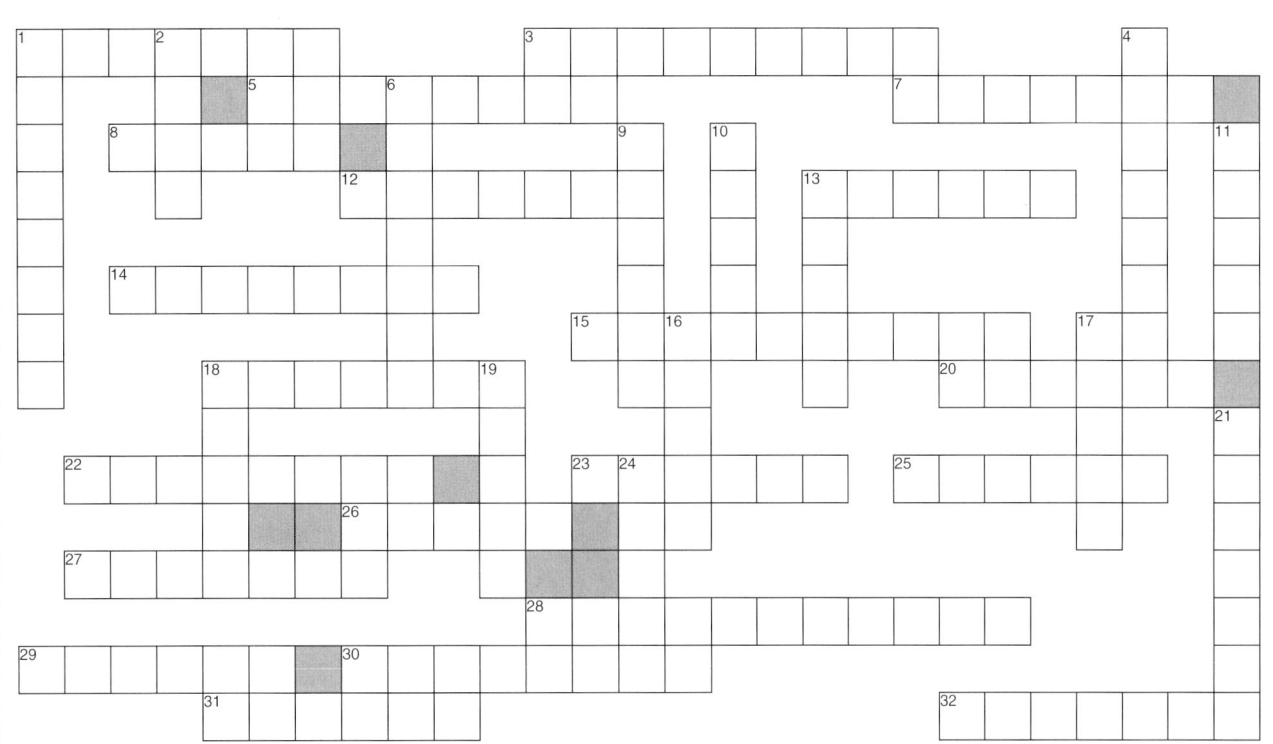

## Waagerecht

1 Anschrift
3 einleuchtend
5 kindlich
7 Nachschlagewerk
8 Verfasser
12 genaue Untersuchung
13 feiner Unterschied
14 vorherrschend
15 Bücherei
18 Sauberkeit
20 entgegenkommend, großzügig
22 Erstaufführung
23 Gewinn
25 Weltall
26 Verkaufsbude
27 gespenstische Erscheinung
28 schlimmes Ereignis
29 Fahndungsaktion der Polizei
30 Unterkunft
31 zugeteilte Menge
32 Heiligensage

## Senkrecht

1 Hochmut
2 Behälter für eine Brille
4 augenblicklich
6 Zeitungsanzeige
9 Einzelheit
10 beweglich
11 große Heeresabteilung
13 Material für Angelschnüre
16 sehr harter, moderner Baustoff
17 Arbeitsraum eines Chemikers
18 menschlich
19 Kriechtier
21 Teil des Gedichts
24 geplanter Weg einer Fahrt

## Waagerecht

1 Düsenflugzeug
3 Freizeitbeschäftigung
6 jemand, der ein Kleinkind beaufsichtigt
8 in Ordnung
12 Lied
13 knusprige Maisflocken zum Frühstück
14 Spiel, Wettkampf
17 kurze Hosen
18 sprühbare Flüssigkeit

## Senkrecht

1 kurzzeitige, vorübergehende Tätigkeit
2 Plakat
4 mobiles Kassettenabspielgerät
5 kleiner Imbiss
7 belegtes Brot
9 elektrisches Gerät zum Mischen und Zerkleinern
10 Musikergruppe
11 Jackett, Jacke
15 kurzer Ausflug
16 Anhänger einer Mannschaft oder Musikgruppe

# Nr. 32: Fremdwörter aus dem Englischen 2

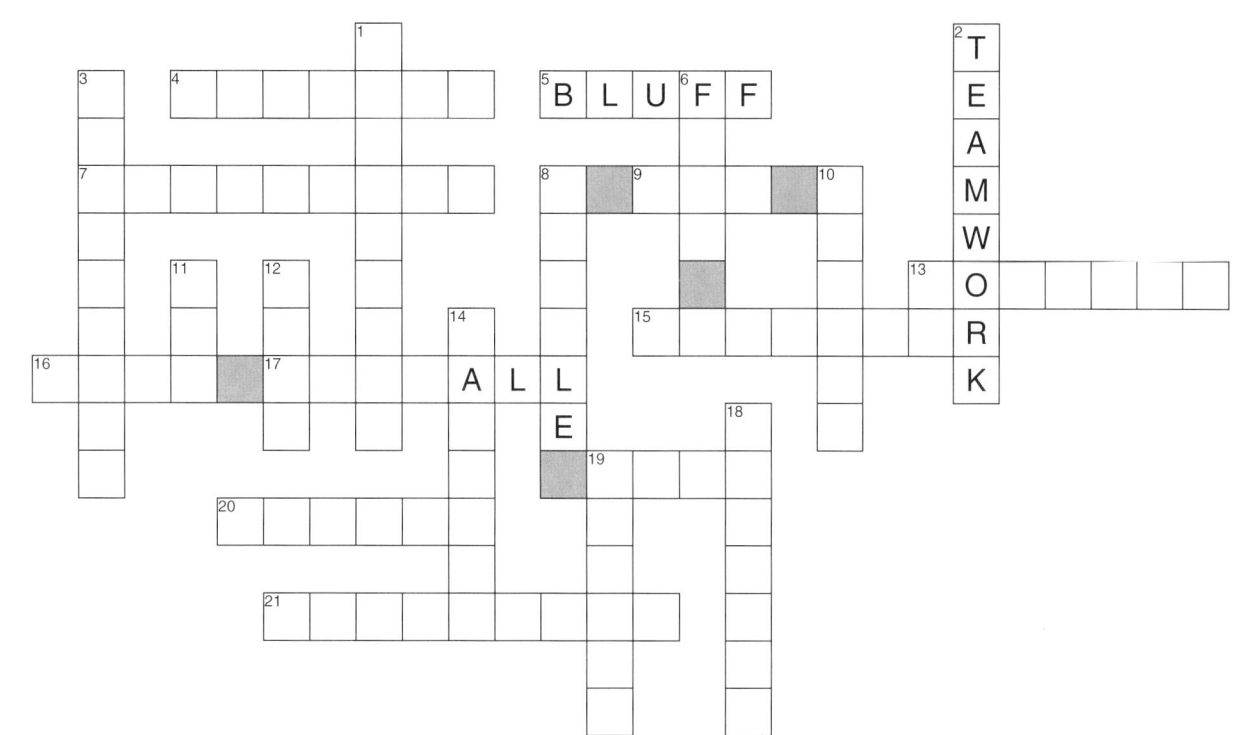

Das Kreuzworträtsel enthält bereits eingetragen: BLUFF, TEAMWORK, ALLE.

## Waagerecht

- 4 Dauerlauf
- 5 Täuschung
- 7 Behälter
- 9 durchtrainiert
- 13 Pilotenkanzel
- 15 spannender Roman oder Film
- 16 Fahrstuhl
- 17 einteiliger Schutzanzug
- 19 Tresor
- 20 Luftsack im Auto als Schutz bei Unfällen
- 21 Befragung

## Senkrecht

- 1 Kindesentführer
- 2 Gemeinschaftsarbeit
- 3 Wiederverwertung
- 6 anständig, gerecht
- 8 Spiel aus zusammenfügbaren Teilen
- 10 bezahlter Mörder
- 11 erfolgreicher Schlager
- 12 starker wirtschaftlicher Aufschwung
- 14 leitender Angestellter
- 18 Kaufmiete
- 19 starke nervliche Belastung

# Nr. 33: Fremdwörter aus dem Französischen

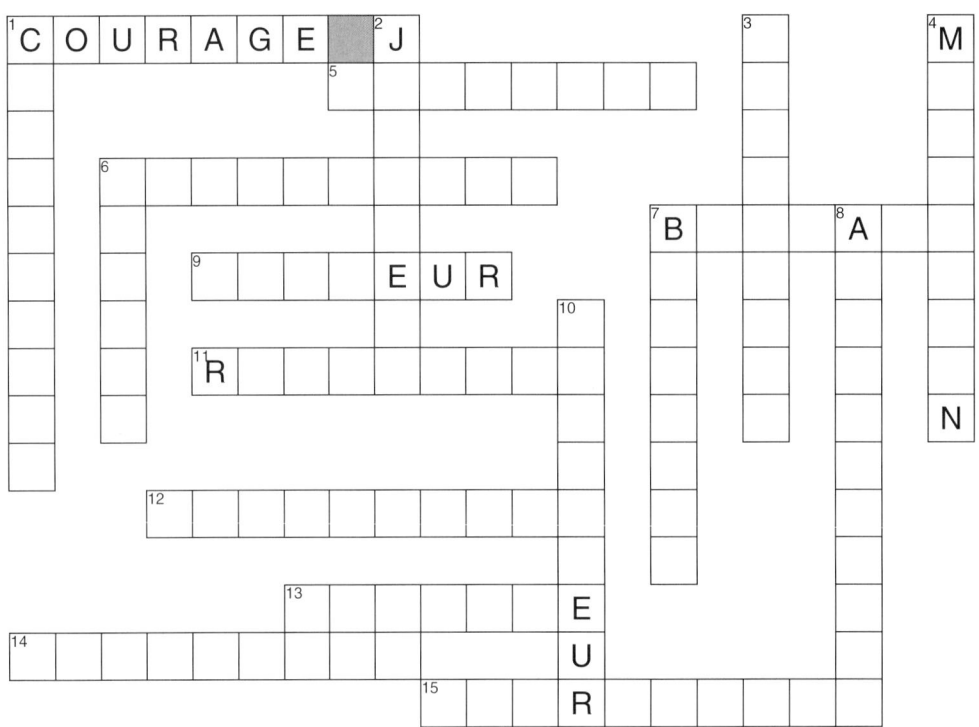

## Waagerecht

- **1** Mut
- **5** Tierbändiger
- **6** Pilzsorte
- **7** Verband
- **9** Nichtprofi
- **11** Zeitungsbericht
- **12** Verabredung, Stelldichein
- **13** Teil eines Textes
- **14** Kapsel mit Bild als Anhänger
- **15** Mitarbeiter von Zeitungen und Zeitschriften

## Senkrecht

- **1** französischer Schaumwein
- **2** Geschicklichkeitskünstler
- **3** Techniker mit Hochschulausbildung
- **4** Person, die Mode vorführt
- **6** französischer Weinbrand
- **7** Fleischbrühe
- **8** Wohnung in Hotel oder Urlaubsort
- **10** Spielleiter bei Film, Funk, Fernsehen

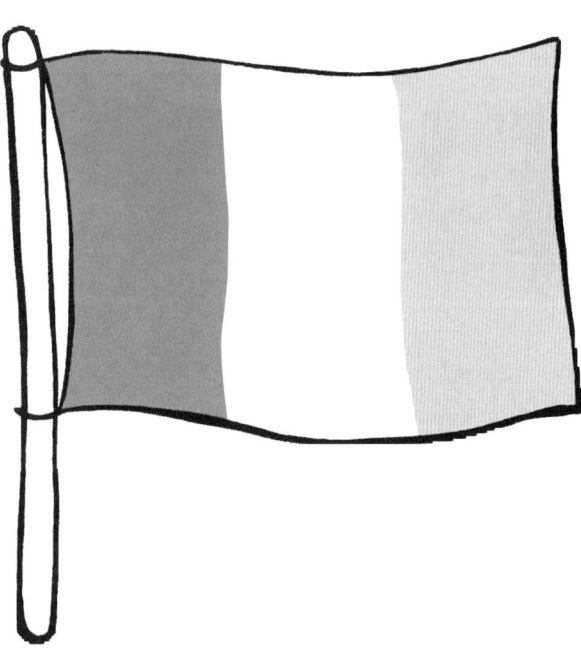

# Nr. 34: Test: Fremdwörter aus Nr. 31–33

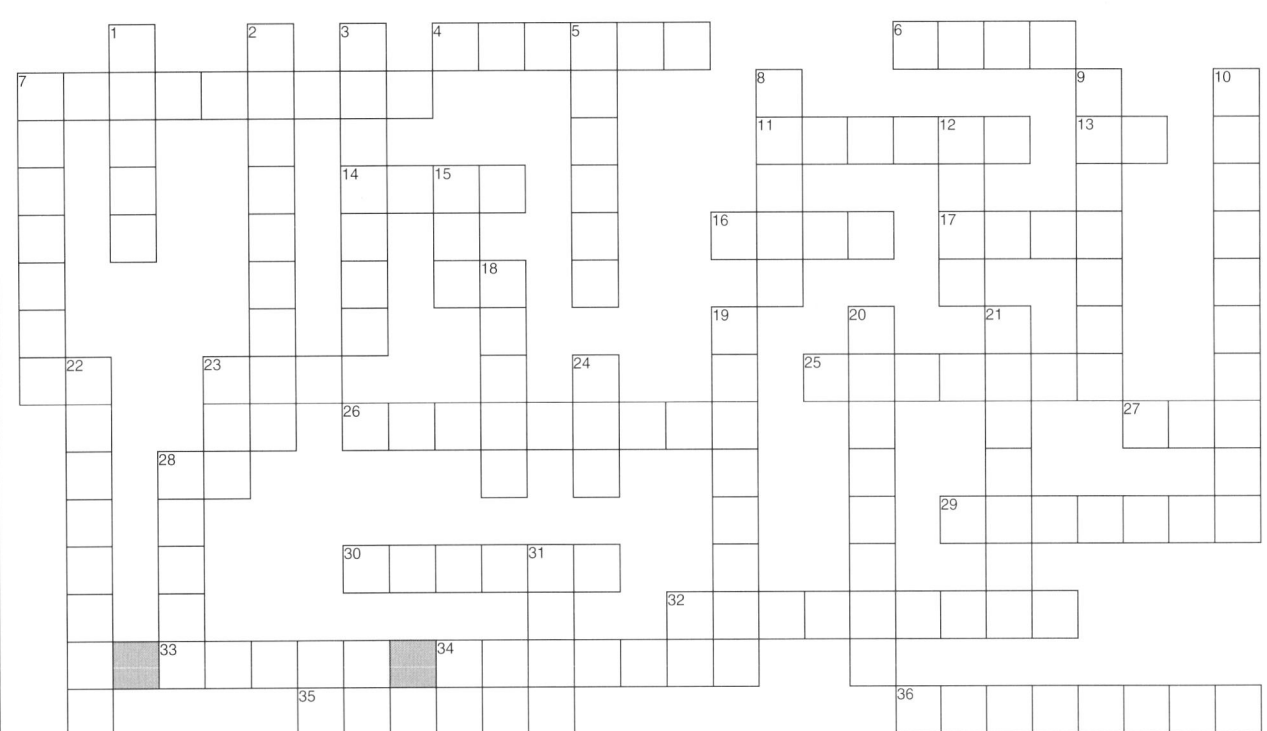

## Waagerecht

4 Luftsack im Auto als Schutz bei Unfällen
6 kurzer Ausflug
7 Behälter
11 Spiel aus zusammenfügbaren Teilen
13 in Ordnung
14 Tresor
16 Musikergruppe
17 anständig, gerecht
23 Düsenflugzeug
25 Verband
26 Techniker mit Hochschulausbildung
27 durchtrainiert
29 Nichtprofi
30 starke nervliche Belastung
32 Wiederverwertung
33 Freizeitbeschäftigung
34 leitender Angestellter
35 starker wirtschaftlicher Aufschwung
36 Gemeinschaftsarbeit

## Senkrecht

1 kleiner Imbiss
2 Kindesentführer
3 Kaufmiete
5 Jackett, Jacke
7 Pilotenkanzel
8 sprühbare Flüssigkeit
9 Mut
10 jemand, der ein Kleinkind beaufsichtigt
12 Fahrstuhl
15 Anhänger einer Mannschaft oder Musikgruppe
18 elektrisches Gerät zum Mischen und Zerkleinern
19 spannender Roman oder Film
20 belegtes Brot
21 mobiles Kassettenabspielgerät
22 Tierbändiger
23 kurzzeitige, vorübergehende Tätigkeit
24 erfolgreicher Schlager
28 Spiel, Wettkampf
31 Lied

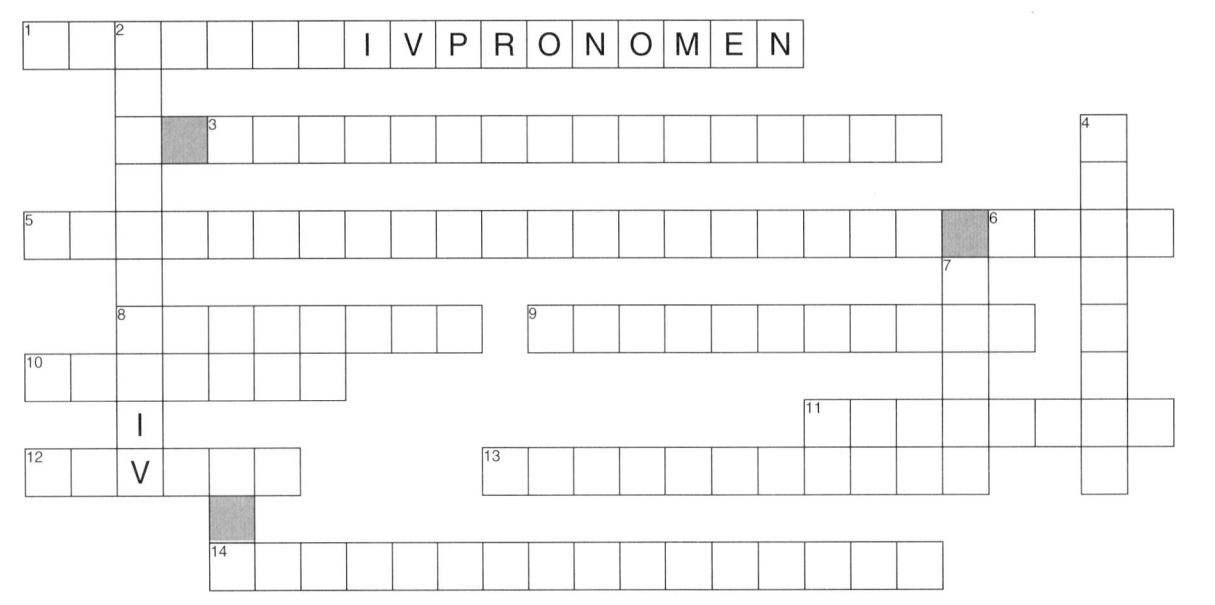

Waagerecht

1 besitzanzeigendes Fürwort
3 persönliches Fürwort
5 Fragewort
6 Zeitwort, Tätigkeitswort
8 Zahlwort
9 Bindewort
10 Geschlechtswort, Begleiter
11 Eigenschaftswort
12 Umstandswort
13 Verhältniswort
14 rückbezügliches Fürwort

Senkrecht

2 Hauptwort
4 Mittelwort
7 andere lat. Bezeichnung für „Substantiv"

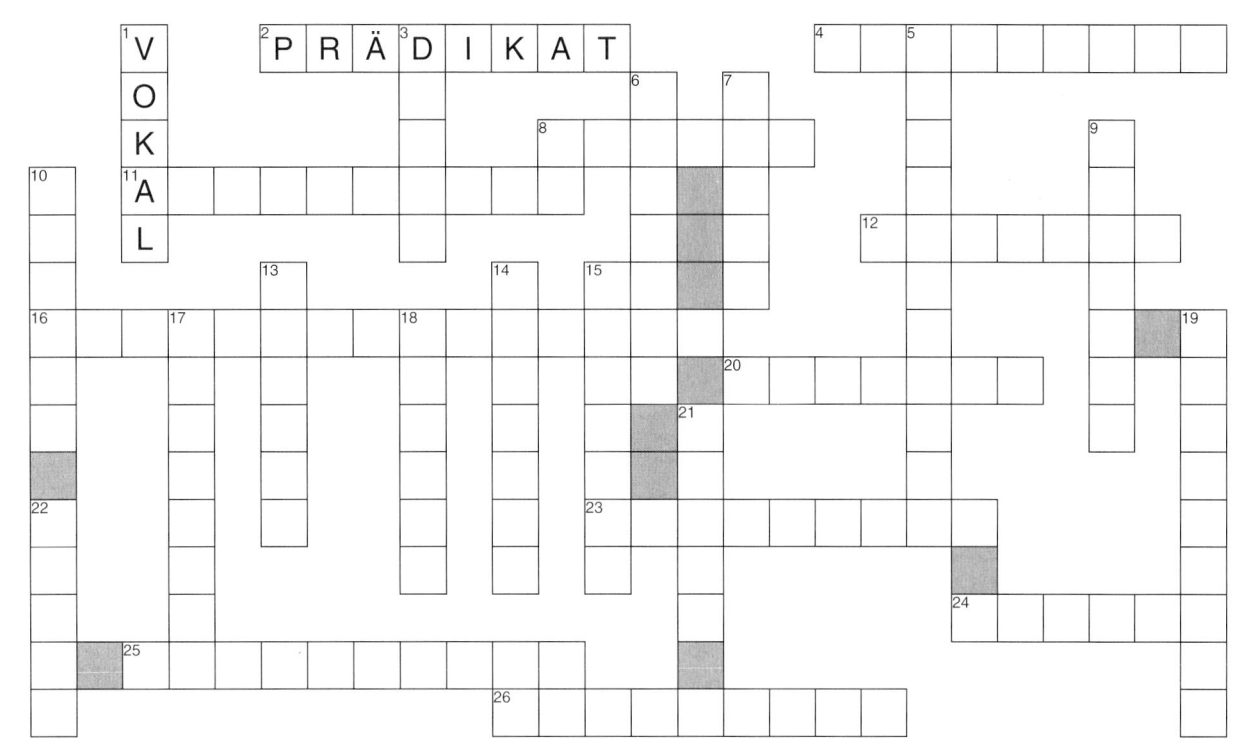

**Waagerecht**

2 Satzaussage
4 4. Fall, Wen-/Was-Fall
8 Mehrzahl
11 Umstandsbestimmung
12 grammatische Zahl
16 vollendete Vergangenheit
20 2. Fall, Wessen-Fall
23 Mitlaut
24 (Satz-)Ergänzung
25 Vergangenheit
26 Grundform des Verbs

**Senkrecht**

1 Selbstlaut
3 3. Fall, Wem-Fall
5 Beugung von Verben
6 Satzgegenstand
7 grammatischer Fall
9 sächliches grammatisches Geschlecht
10 Zeitform
13 Nachsilbe
14 Gegenwart
15 vollendete Gegenwart
17 Einzahl
18 Vorsilbe
19 1. Fall, Wer-/Was-Fall
21 grammatisches Geschlecht
22 Zukunft

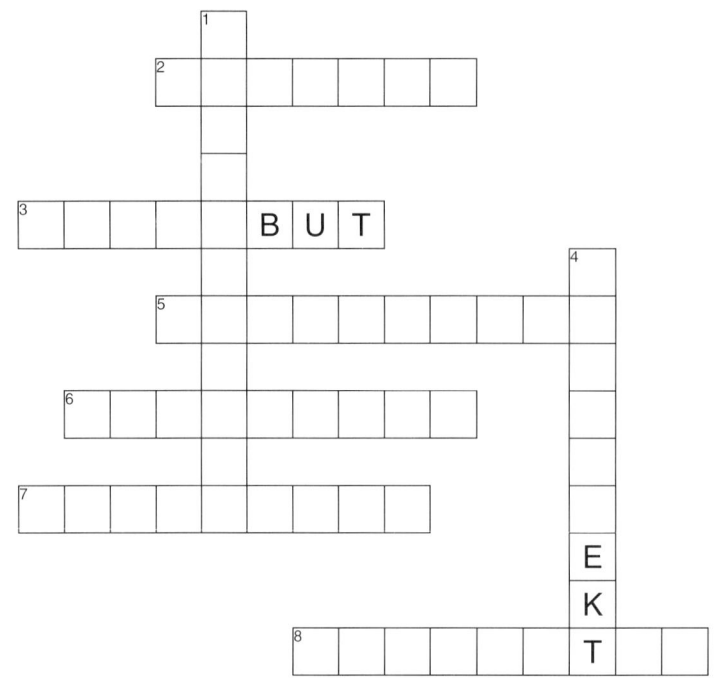

**Waagerecht**

2 sächliches grammatisches Geschlecht
3 Beifügung
5 männliches grammatisches Geschlecht
6 weibliches grammatisches Geschlecht
7 Grundform des Verbs
8 Befehlsform

**Senkrecht**

1 Beugung von Substantiven, Pronomen usw.
4 andere lat. Bezeichnung für „Präteritum"

# Nr. 38: Test: Grammatische Begriffe

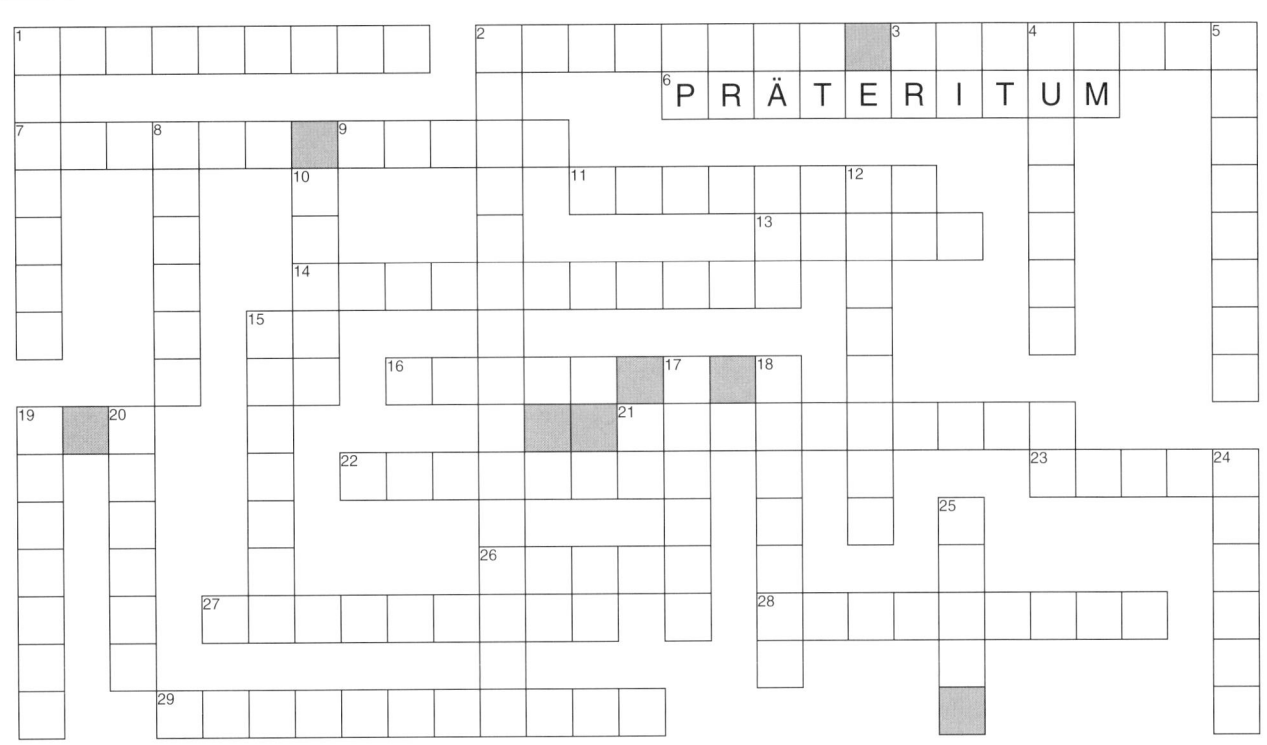

In the crossword, at position 6: **P R Ä T E R I T U M**

## Waagerecht

1 4. Fall, Wen-/Was-Fall
2 Mittelwort
3 Fürwort
6 Vergangenheit
7 Zeitform
9 grammatischer Fall
11 Satzaussage
13 3. Fall, Wem-Fall
14 Beugung von Verben
16 andere lat. Bezeichnung für „Substantiv"
21 Umstandsbestimmung
22 Eigenschaftswort
23 grammatisches Geschlecht
26 Zukunft
27 andere lat. Bezeichnung für „Präteritum"
28 Befehlsform
29 Bindewort

## Senkrecht

1 Geschlechtswort, Begleiter
2 vollendete Vergangenheit
4 grammatische Zahl
5 Zahlwort
8 Vorsilbe
10 Selbstlaut
12 Beifügung
15 sächliches grammatisches Geschlecht
17 Umstandswort
18 2. Fall, Wessen-Fall
19 Satzgegenstand
20 (Satz-)Ergänzung
24 Nachsilbe
25 Zeitwort, Tätigkeitswort

Wie gut kennt ihr dieses Buch über eine Jugendbande?

## Waagerecht

1 Kurts Fortbewegungsmittel
5 Bandenmitglied mit dem Spitznamen „Kaninchen"
6 Franks Bruder
10 Er ist der Kleinste und Jüngste.
11 Zu Beginn des Buches muss Hannes diese bestehen.
14 Kurts Behinderung
15 Er hat den Spitznamen „Affe", weil er so gut klettern kann.
17 Anführer der Bande
18 Nachname des Jungen im Rollstuhl
20 Er soll bei der Ziegelei gesprengt werden.

## Senkrecht

2 Auf dieses Kleidungsstück wird das Erkennungszeichen der Bande genäht.
3 Hier spielt die Geschichte.
4 Er ist der Leichteste von den Bandenmitgliedern.
7 Junge mit Schottenmütze und kleiner Schwester
8 So heißt Hannes' Haustier.
9 Frank nennt Hannes so wegen seiner vielen Sommersprossen.
12 So nennen sich die Bandenmitglieder.
13 Er ist gelähmt, wartet, denkt nach, passt auf.
16 Er bohrt bei Aufregung in der Nase.
19 das einzige Mädchen in der Bande

Wie gut kennst du dich in Wilhelm Hauffs erster Märchensammlung aus?

**Waagerecht**

1 Erzähler der Geschichte von der abgehauenen Hand
4 Hauptmann der Wüstenräuber
5 Er erzählt vom kleinen Muck.
7 Herkunftsort des Zaleukos
9 Zauberer in „Kalif Storch"
10 Großwesir des Kalifs Storch
12 Ausgangsort der Karawane
14 Er erzählt von der Errettung Fatmes.
15 Lezahs Bruder
16 Wohnort des kleinen Muck
17 Zielort der Karawane

**Senkrecht**

2 Schneidergeselle im „Falschen Prinzen"
3 Geburtsort Wilhelm Hauffs
4 richtiger Prinz im „Falschen Prinzen"
6 Hier lernt Zaleukos den Rotmantel kennen.
8 Erzähler der Geschichte vom Gespensterschiff
11 einer der Berufe Zaleukos'
13 Hier herrscht Kalif Chasid.
14 verzauberte Prinzessin in „Kalif Storch"

Kannst du dich noch daran erinnern?

## Waagerecht

2 Konrads zweite Schwester
3 Wohnort von Konrads Onkel Georg
4 Das Heimatdorf der Bienmanns liegt in …
5 Heimatort der Bienmanns
7 durch Landzunge geschützte Meeresbucht
8 neue Heimat der Bienmanns
10 Konrads polnischer Freund
11 Konrads Bruder

## Senkrecht

1 Vorname des Autors
5 Vorname von Konrads Vater
6 Name von Konrads Schwester
9 Pferd der Familie Bienmann

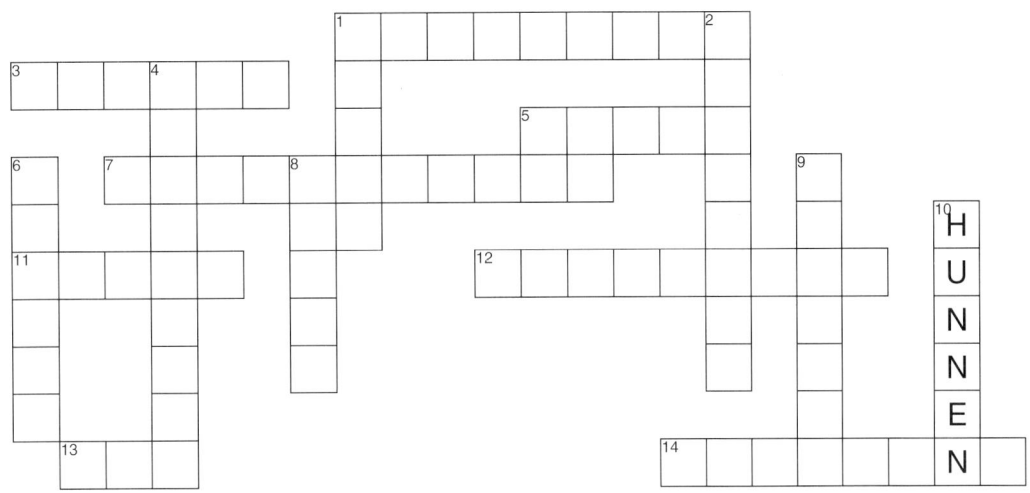

Kennst du dich gut in der Nibelungensage aus?

## Waagerecht

1 Hier gehen die Nibelungen unter.
3 Herkunftsort Siegfrieds
5 Hier steht das Schloss der Burgunden.
7 Es macht Siegfried nahezu unverletzbar.
11 altes Wort für Kämpfer
12 Schwester König Gunthers
13 Mutter König Gunthers
14 Vater Siegfrieds

## Senkrecht

1 anderer Name für Attila
2 Bruder König Gunthers
4 Sie macht Siegfried unsichtbar.
6 Bruder König Gunthers
8 Lehensmann Gunthers aus Tronje
9 Siegfrieds Wunderschwert
10 Attila war König der…

Was weißt du über die griechische Sagenwelt?

## Waagerecht

1 „Wohnsitz" des Göttervaters
3 Erfinder des Trojanischen Pferdes
4 Gott der Toten und Herrscher der Unterwelt
7 in der griech. Sagenwelt der stärkste Mann der Welt
8 Gattin des Zeus
9 Verfasser der „Odyssee"
11 Gott des Meeres

## Senkrecht

2 Göttervater
4 nach Troja entführte Königin von Sparta
5 Götterbote und Beschützer der Reisenden
6 Lieblingstochter des Zeus und Göttin der Klugheit
10 Die Ilias-Sage beschreibt den Kampf um …
11 Hirtengott mit Geißbockfüßen

# Nr. 44: Literatur Kl. 7/8: Berühmte Jugendbücher

Dieses Rätsel lässt sich gut in Partner- oder Gruppenarbeit lösen. Wer das jeweilige gefragte Buch kennt, kann den oder die anderen kurz über dessen Inhalt informieren.

## Waagerecht

2 Wer schrieb das Buch „Das war der Hirbel"?
  – Peter … .
6 von Karl May erfundener Indianerhäuptling
8 Von Erich Kästner stammt das Buch „… und
  die Detektive".
9 Max von der Grün schrieb dieses Buch.
11 „Ruf der Wildnis" stammt von Jack … .
12 Das Buch „Timm Thaler" wurde von James
  … geschrieben.
13 Mark Twain erfand zwei Lausbuben:
  Huckleberry Finn und Tom …
16 Von Gudrun Pausewang stammt das Buch
  „Die Kinder von …".
18 Verfasser von „Das Dschungelbuch"
19 Vorname des Autors von „Momo"

## Senkrecht

1 Daniel Defoe ist der Verfasser von „…
  Crusoe".
3 Charles Dickens' Straßenjunge heißt „Oliver
  …".
4 Astrid Lindgren schrieb „Die Kinder von …".
5 Robert Louis … schrieb „Die Schatzinsel".
7 Vorname der Verfasserin der „Fünf Freunde-
  Serie"
10 Dänischer Märchenschriftsteller, Vornamen:
  Hans Christian
12 Otfried Preußler schrieb „Die kleine Hexe"
  und das Buch „…".
14 Von Antoine de Saint-Exupéry ist das Buch
  „Der kleine …".
15 Lewis Carroll schrieb das Kinderbuch „… im
  Wunderland".
17 Willi Fährmann schrieb das Buch „Das Jahr
  der …".

Woran kannst du dich erinnern?

## Waagerecht

1 anderer Sohn Tells
5 einer der Urkantone
6 Er hat Wolfenschießen erschlagen.
9 Er sammelt in Uri Anhänger für den Aufstand.
10 einer der Urkantone
12 Er sammelt in Unterwalden Anhänger für den Aufstand.
13 Waffe Tells
15 Mörder des Kaisers
16 Geßlers Hut hängt hier.

## Senkrecht

2 Er sammelt in Schwyz Anhänger für den Aufstand.
3 Neffe des Freiherrn von Attinghausen
4 Sie wird von Rudenz umworben.
7 Reichsvogt in Schwyz und Uri
8 Hier schwören die Vertreter der Urkantone.
11 Ihm schießt Tell den Apfel vom Kopf.
14 einer der Urkantone

9 waagerecht: R E I C H S U N M I T T E L B A R

Wie gut kennst du den „Götz von Berlichingen"?

## Waagerecht

2 Name des Kaisers, der die Reichsacht verhängt
4 Jugendfreund und Gegenspieler des Götz
7 Weislingens Bube
9 nur dem Kaiser unterworfen
11 Truppen zur Durchführung der Reichsacht
13 Spötter am Hof des Bischofs
15 Er befreit Götz aus der Haft.
16 Sitz des Bischofs, mit dem Götz in Fehde liegt
17 Geburtsort Goethes

## Senkrecht

1 Götz muss aller Gewalt entsagen, er schwört … .
3 Schwester des Götz, Verlobte Weislingens
5 Kaufleute aus … werden von Götz überfallen.
6 Hier ist Götz inhaftiert.
8 Stammsitz des Götz
10 Götz' Bube und Reitersknecht
12 Sohn Berlichingens
14 Vorname von Götz' Frau

Elegie

Hexameter

Daktylus

Anapäst

## Waagerecht

1 Erzählgedicht
2 Teil eines Gedichts
4 Klagelied
7 Kehrreim
8 Versmaß: unbetonte, dann betonte Silbe
9 Versmaß
10 Versmaß: betonte, dann zwei betonte Silben
11 einzelne Zeile eines Gedichts
12 Versmaß: betonte, dann unbetonte Silbe
13 Versfuß

## Senkrecht

1 Reim im Versinnern
3 Versmaß: zwei unbetonte, dann eine betonte Silbe
5 feierliches Gedicht
6 sechshebiger Vers

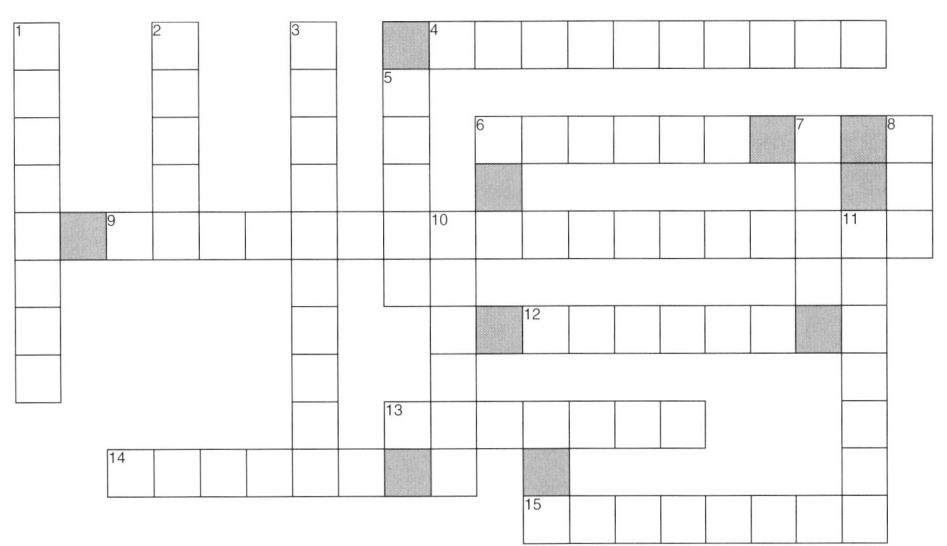

## Waagerecht

- 4 Funktion des 1. Aktes
- 6 gespielter Witz
- 9 Stilmittel des epischen Theaters
- 12 Begründer des epischen Theaters
- 13 Selbstgespräch auf der Bühne
- 14 dt. Bezeichnung für „Akt"
- 15 Trauerspiel

## Senkrecht

- 1 dt. Bezeichnung für „Szene"
- 2 Teil eines Aktes
- 3 dt. Bezeichnung für „Teichoskopie"
- 5 Schauspiel
- 7 vertontes Schauspiel
- 8 Teil eines Dramas
- 10 Zwiegespräch auf der Bühne
- 11 Lustspiel

## Waagerecht

2 Beispielerzählung mit entsprechenden Tieren
4 mündlich überlieferte Erzählung mit wahrem Kern
6 kürzere Erzählung mit offenem Schluss
7 epische Großform
8 kürzere Erzählform über besondere Begebenheiten
9 mündlich überliefertes Märchen

## Senkrecht

1 Märchen mit bekanntem Verfasser
3 Heiligengeschichte
5 erzählende Dichtung

# Nr. 50: Test: Literarische Begriffe

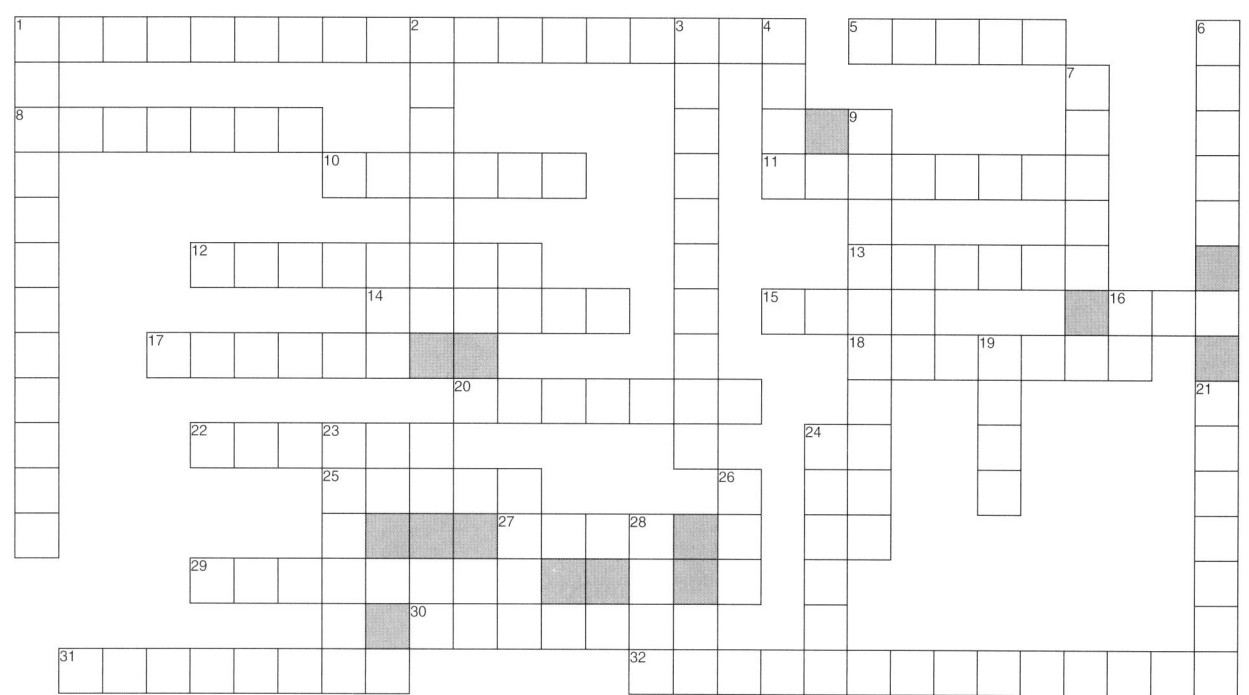

## Waagerecht

1 Stilmittel des epischen Theaters
5 Schauspiel
8 Heiligengeschichte
10 gespielter Witz
11 Trauerspiel
12 Versmaß: betonte, dann zwei unbetonte Silben
13 Klagelied
14 Versmaß
15 einzelne Zeile eines Gedichts
16 Teil eines Dramas
17 dt. Bezeichnung für „Akt"
18 Teil eines Gedichts
20 Selbstgespräch auf der Bühne
22 Versmaß: unbetonte, dann betonte Silbe
25 epische Großform
27 mündlich überlieferte Erzählung mit wahrem Kern
29 Versmaß: betonte, dann unbetonte Silbe
30 Lustspiel
31 dt. Bezeichnung für „Szene"
32 kürzere Erzählung mit offenem Schluss

## Senkrecht

1 mündlich überliefertes Märchen
2 kürzere Erzählform über besondere Begebenheit
3 Funktion des 1. Aktes
4 Versfuß
6 Beispielerzählung mit sprechenden Tieren
7 Teil eines Aktes
9 dt. Bezeichnung für „Teichoskopie"
19 vertontes Schauspiel
21 Erzählgedicht
23 Begründer des epischen Theaters
24 Zwiegespräch auf der Bühne
26 feierliches Gedicht
28 erzählende Dichtung

# Nr. 1: Wörter mit -aa- und -oo-

**Waagerecht**

| | | |
|---|---|---|
| 3 | schlangenähnlicher Fisch | AAL |
| 4 | weiche Waldpflanze | MOOS |
| 6 | Gerät zur Gewichtsbestimmung | WAAGE |
| 7 | wächst auf dem Kopf | HAAR |
| 9 | Gemeinschaft von Menschen innerhalb eines Landes | STAAT |
| 12 | anderes Wort für „blöd" | DOOF |
| 13 | Samen | SAAT |
| 14 | Seemann | MAAT |
| 15 | Zweiergruppe | PAAR |

**Senkrecht**

| | | |
|---|---|---|
| 1 | Tiergarten | ZOO |
| 2 | großer Festraum | SAAL |
| 5 | Bundesland der BRD | SAARLAND |
| 8 | toter Tierkörper | AAS |
| 10 | Fluss in Deutschland | SAAR |
| 11 | kleineres Wasserfahrzeug | BOOT |
| 14 | sumpfähnliche Landschaft | MOOR |

# Nr. 2: Wörter mit -ee-

**Waagerecht**

| | | |
|---|---|---|
| 1 | Einfall, Gedankenblitz | IDEE |
| 2 | Mehrzahl von „Kaktus" | KAKTEEN |
| 5 | größere Süßwasseransammlung | SEE |
| 9 | Schiffsbesitzer | REEDER |
| 11 | vierblättriger Glücksbringer | KLEE |
| 12 | weißer Niederschlag im Winter | SCHNEE |
| 13 | gutes Märchenwesen | FEE |
| 15 | Straße mit Bäumen auf beiden Seiten | ALLEE |
| 16 | Wurfwaffe | SPEER |
| 17 | häufige Marmeladenfrucht | BEERE |
| 19 | Fluss in Berlin | SPREE |
| 20 | schwarzer Straßenbelag | TEER |

**Senkrecht**

| | | |
|---|---|---|
| 2 | Getränk aus gerösteten Bohnen | KAFFEE |
| 3 | Getränk aus Asien | TEE |
| 4 | Brotaufstrich aus eingedicktem Fruchtsaft | GELEE |
| 6 | Gegenteil von „voll" | LEER |
| 7 | alle Soldaten eines Landes | ARMEE |
| 8 | früher von Sklaven gerudertes Schiff | GALEERE |
| 10 | unsterblicher Teil des Menschen | SEELE |
| 14 | Ozean | MEER |
| 17 | Teil eines Gartens | BEET |
| 18 | Landstreitkräfte | HEER |

# Nr. 3: Test: Wörter mit Doppel-Vokal

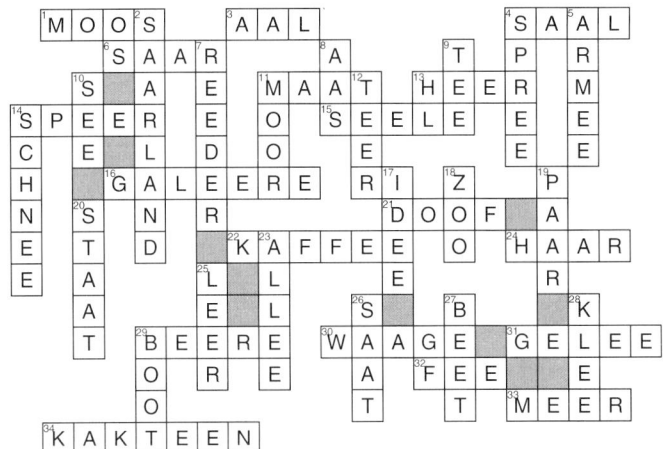

## Waagerecht

| 1 | weiche Waldpflanze | MOOS |
|---|---|---|
| 3 | schlangenähnlicher Fisch | AAL |
| 4 | großer Festraum | SAAL |
| 6 | Fluss in Deutschland | SAAR |
| 11 | Seemann | MAAT |
| 13 | Landstreitkräfte | HEER |
| 14 | Wurfwaffe | SPEER |
| 15 | unsterblicher Teil des Menschen | SEELE |
| 16 | früher von Sklaven gerudertes Schiff | GALEERE |

| 21 | anderes Wort für „blöd" | DOOF |
|---|---|---|
| 22 | Getränk aus gerösteten Bohnen | KAFFEE |
| 24 | wächst auf dem Kopf | HAAR |
| 29 | häufige Marmeladenfrucht | BEERE |
| 30 | Gerät zur Gewichtsbestimmung | WAAGE |
| 31 | Brotaufstrich aus eingedicktem Fruchtsaft | GELEE |
| 32 | gutes Märchenwesen | FEE |
| 33 | Ozean | MEER |
| 34 | Mehrzahl von „Kaktus" | KAKTEEN |

## Senkrecht

| 2 | Bundesland der BRD | SAARLAND |
|---|---|---|
| 4 | Fluss in Berlin | SPREE |
| 5 | alle Soldaten eines Landes | ARMEE |
| 7 | Schiffsbesitzer | REEDER |
| 8 | toter Tierkörper | AAS |
| 9 | Getränk aus Asien | TEE |
| 10 | größere Süßwasseransammlung | SEE |
| 11 | sumpfähnliche Landschaft | MOOR |
| 12 | schwarzer Straßenbelag | TEER |
| 14 | weißer Niederschlag im Winter | SCHNEE |
| 17 | Einfall, Gedankenblitz | IDEE |
| 18 | Tiergarten | ZOO |
| 19 | Zweiergruppe | PAAR |
| 20 | Gemeinschaft von Menschen innerhalb eines Landes | STAAT |
| 23 | Straße mit Bäumen auf beiden Seiten | ALLEE |
| 25 | Gegenteil von „voll" | LEER |
| 26 | Samen | SAAT |
| 27 | Teil eines Gartens | BEET |
| 28 | vierblättriger Glücksbringer | KLEE |
| 29 | kleineres Wasserfahrzeug | BOOT |

# Nr. 4: Wörter mit -ai-

## Waagerecht

| 1 | Raubfisch | HAI |
|---|---|---|
| 2 | Monat | MAI |
| 3 | gekrönter Herrscher | KAISER |
| 5 | altes Wort für Mädchen | MAID |
| 6 | Krokodil in Südamerika | KAIMAN |
| 8 | Jäger | WAIDMANN |
| 10 | Feldrand | RAIN |
| 11 | Faultier | AI |
| 13 | Getreidesorte | MAIS |
| 15 | Bruder Abels | KAIN |
| 17 | Sturm in der Südsee | TAIFUN |
| 18 | Fischeier | LAICH |
| 19 | kein Priester und kein Fachmann | LAIE |
| 20 | elternloses Kind | WAISE |

## Senkrecht

| 1 | Wäldchen | HAIN |
|---|---|---|
| 2 | Stadt in Italien | MAILAND |
| 4 | altes Wort für Diener | LAKAI |
| 7 | ganzes Brot | LAIB |
| 9 | Nebenfluss des Rheins | MAIN |
| 12 | Hauptstadt Ägyptens | KAIRO |
| 14 | Teil einer Geige oder Gitarre | SAITE |
| 16 | Stadt am Rhein | MAINZ |

57

# Nr. 5: Wörter mit -iene oder -ine

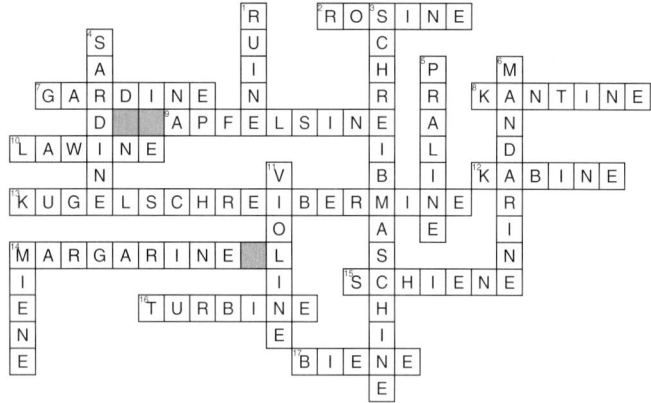

## Waagerecht

| | | |
|---|---|---|
| 2 | getrocknete Weinbeere | ROSINE |
| 7 | anderes Wort für „Vorhang" | GARDINE |
| 8 | Speisesaal in einer Fabrik | KANTINE |
| 9 | anderes Wort für „Orange" | APFELSINE |
| 10 | rutschende oder stürzende größere Schneemasse | LAWINE |
| 12 | Umkleideraum | KABINE |
| 13 | Ersatzteil für den Kugelschreiber | KUGELSCHREIBERMINE |
| 14 | Ersatz für Butter | MARGARINE |
| 15 | Teil eines Gleises | SCHIENE |
| 16 | Antriebsmaschine für Schiffe und Flugzeuge | TURBINE |
| 17 | honigproduzierendes Insekt | BIENE |

## Senkrecht

| | | |
|---|---|---|
| 1 | verfallenes Gebäude | RUINE |
| 3 | Schreibgerät, oft elektrisch | SCHREIBMASCHINE |
| 4 | beliebter Dosenfisch | SARDINE |
| 5 | Süßigkeit, oft aus Schokolade | PRALINE |
| 6 | kleine Orangenart | MANDARINE |
| 11 | Geige | VIOLINE |
| 14 | Gesichtsausdruck | MIENE |

# Nr. 6: Fast ein ganzes Alphabet mit -ieren

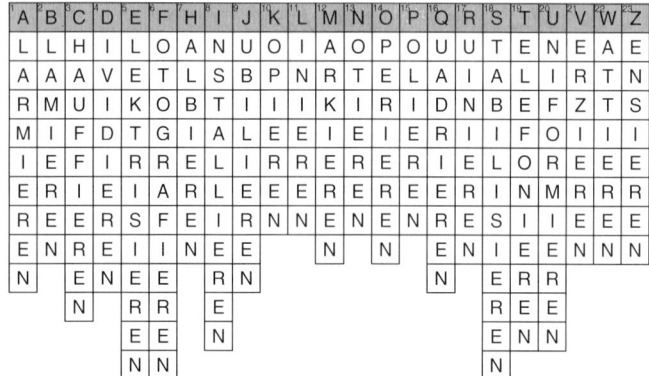

## SENKRECHT

| | | |
|---|---|---|
| 1 | Alarm auslösen | ALARMIEREN |
| 2 | eine Blamage erteilen | BLAMIEREN |
| 3 | Chauffeur für jemand sein | CHAUFFIEREN |
| 4 | eine Divisionsaufgabe durchführen | DIVIDIEREN |
| 5 | elektrisch aufladen | ELEKTRISIEREN |
| 6 | ein Foto machen | FOTOGRAFIEREN |
| 7 | in Hälften teilen | HALBIEREN |
| 8 | eine Installation vornehmen | INSTALLIEREN |
| 9 | in Jubel ausbrechen | JUBILIEREN |
| 10 | eine Kopie machen | KOPIEREN |
| 11 | Linien ziehen | LINIEREN |
| 12 | mit einer Markierung kennzeichnen | MARKIEREN |
| 13 | eine Notiz machen | NOTIEREN |
| 14 | eine Operation durchführen | OPERIEREN |
| 15 | mit Politur einreiben | POLIEREN |
| 16 | eine Zahl mit sich selbst malnehmen | QUADRIEREN |
| 17 | in den Ruin treiben | RUINIEREN |
| 18 | etwas stabil machen | STABILISIEREN |
| 19 | das Telefon benutzen | TELEFONIEREN |
| 20 | in Uniform kleiden | UNIFORMIEREN |
| 21 | eine Verzierung anbringen | VERZIEREN |
| 22 | mit Watte auspolstern | WATTIEREN |
| 23 | Zensuren verteilen | ZENSIEREN |

# Nr. 7: Mit oder ohne Dehnungszeichen?

## Waagerecht

| | | |
|---|---|---|
| 3 | Teil des Auges | LID |
| 6 | kleinere Wasserfahrzeuge (Mehrzahl) | BOOTE |
| 7 | Bordrestaurant im Zug | SPEISEWAGEN |
| 8 | gegen | WIDER |
| 10 | Zeitanzeiger | UHR |
| 11 | Meeressäugetier | WAL |
| 14 | Gegenteil von „füllen" | LEEREN |
| 16 | altes Wort für „Afrikaner" | MOHR |
| 17 | noch einmal | WIEDER |
| 19 | (an)streichen; zeichnen | MALEN |

## Senkrecht

| | | |
|---|---|---|
| 1 | Sprengkörper; Innenteil eines Schreibstifts | MINE |
| 2 | Austräger von Briefen | POSTBOTE |
| 3 | Gesangsstück | LIED |
| 4 | Stängel, Griff | STIEL |
| 5 | fein zerkleinern, z.B. Korn | MAHLEN |
| 9 | Gerät zum Wiegen von Briefen | BRIEFWAAGE |
| 12 | sumpfähnliche Landschaft | MOOR |
| 13 | Gegenteil von „falsch, erlogen" | WAHR |
| 14 | unterrichten | LEHREN |
| 15 | Ferienzeit | URLAUB |
| 16 | Gesichtsausdruck | MIENE |
| 18 | Art, Moderichtung | STIL |

# Nr. 8: Test: Wörter aus Nr. 4 – 7

| | | |
|---|---|---|
| 24 | fein zerkleinern, z.B. Korn | MAHLEN |
| 26 | altes Wort für „Afrikaner" | MOHR |
| 27 | Süßigkeit, oft aus Schokolade | PRALINE |
| 28 | anderes Wort für „Orange" | APFELSINE |
| 30 | Sprengkörper; Innenteil eines Schreibstifts | MINE |
| 32 | Ufermauer | KAI |
| 34 | eine Notiz machen | NOTIEREN |
| 35 | Getreidesorte | MAIS |
| 36 | kleinere Wasserfahrzeuge (Mehrzahl) | BOOTE |
| 37 | Geige | VIOLINE |
| 38 | Ferienzeit | URLAUB |
| 39 | Art, Moderichtung | STIL |
| 40 | gekrönter Herrscher | KAISER |
| 41 | kleine Orangenart | MANDARINE |

## Waagerecht

| | | |
|---|---|---|
| 2 | Fischeier | LAICH |
| 3 | Stängel, Griff | STIEL |
| 4 | Teil einer Geige oder Gitarre | SAITE |
| 6 | anderes Wort für „Vorhang" | GARDINE |
| 9 | Monat | MAI |
| 11 | Ersatz für Butter | MARGARINE |
| 12 | Teil des Auges | LID |
| 14 | verfallenes Gebäude | RUINE |
| 15 | Speisesaal in einer Fabrik | KANTINE |
| 16 | Gesichtsausdruck | MIENE |
| 19 | Gesangsstück | LIED |
| 20 | eine Divisionsaufgabe durchführen | DIVIDIEREN |
| 21 | Zeitanzeiger | UHR |
| | zusätzliches Wort | KAI |

## Senkrecht

| | | |
|---|---|---|
| 1 | Umkleideraum | KABINE |
| 2 | Gegenteil von „füllen" | LEEREN |
| 5 | Sturm in der Südsee | TAIFUN |
| 7 | rutschende oder stürzende größere Schneemasse | LAWINE |
| 8 | honigproduzierendes Insekt | BIENE |
| 10 | Zensuren verteilen | ZENSIEREN |
| 13 | Gerät zum Wiegen von Briefen | BRIEFWAAGE |
| 17 | sumpfähnliche Landschaft | MOOR |
| 18 | unterrichten | LEHREN |
| 22 | getrocknete Weinbeere | ROSINE |
| 23 | Austräger von Briefen | POSTBOTE |
| 25 | Raubfisch | HAI |
| 29 | ganzes Brot | LAIB |
| 31 | Gegenteil von „falsch, erlogen" | WAHR |
| 33 | Meeressäugetier | WAL |

# Nr. 9: -tz- oder nur -z-?

## Waagerecht

1 kurzer schriftlicher Vermerk — NOTIZ
6 Mediziner — ARZT
8 faul sein, nichts tun — FAULENZEN
9 Medikament — ARZNEI
10 anderes Wort für „reinigen" — PUTZEN
11 Gruppe oder Bündelung von zwölf — DUTZEND
13 harmloser Streich, Witz — SCHERZ
14 kleine Wasserlache — PFÜTZE
16 Kosename für eine Katze — MIEZE
17 anderes Wort für „starren" — GLOTZEN

## Senkrecht

2 Kopfbedeckung — MÜTZE
3 Verkehrsknotenpunkt — KREUZUNG
4 Schreibgerät — FILZSTIFT
5 Maul und Nase bei Tieren — SCHNAUZE
7 Geldstück — MÜNZE
12 Gegenteil von „großzügig" — GEIZIG
15 spießähnliche Waffe — LANZE

# Nr. 10: Wörter mit -k-

## Waagerecht

2 zweckmäßig, geschickt — PRAKTISCH
4 Bezeichnung für Kunststoff — PLASTIK
7 vollendet, vollkommen — PERFEKT
8 mit Strom betriebene Kochstelle — ELEKTROHERD
11 technischer Handwerker — TECHNIKER
13 richtig — KORREKT
14 größeres Päckchen — PAKET
15 Milchprodukt — QUARK
17 Gastwirtschaft — LOKAL
20 geradewegs, sofort — DIREKT
21 Schaumwein — SEKT
26 Regenschutzjacke — ANORAK
27 Auseinandersetzung, Streit — KONFLIKT
28 Leiter einer Schule — REKTOR
29 Mundart — DIALEKT
30 Feinkost, feines Lebensmittel — DELIKATESSE
31 Krankenhaus — KLINIK

## Senkrecht

1 landwirtschaftliche Zugmaschine — TRAKTOR
3 zur Zeit gültig — AKTUELL
5 Pralinen — KONFEKT
6 Schreibkraft in einem Büro — SEKRETÄRIN
7 große Trommel — PAUKE
9 bildliche Darstellung — GRAFIK
10 Zeitungsbeitrag — ARTIKEL
12 gehetzt, aufgeregt — HEKTISCH
16 Hühnerjunges — KÜKEN
18 Arzt — DOKTOR
19 kaputt — DEFEKT
22 Zigarettenfüllung — TABAK
23 Produktionsbetrieb — FABRIK
24 Vertrag, Vereinbarung — PAKT
25 Abscheu — EKEL

# Nr. 11: Wörter mit -ck-

|   |   |   |   | ¹D | ²H | A | C | K | E |
|---|---|---|---|---|---|---|---|---|---|
|   |   |   |   | E |   |   |   |   |   |
|   |   | ³D | E | C | K | E | L |   | ⁴W |
|   |   | A |   | K |   |   |   |   | E |
| ⁵F | A | C | K | E | L |   | ⁶K |   | C |
|   |   | K |   |   |   |   | U |   | K |
| ⁷S |   | E |   |   |   |   | C |   | E |
| O |   | L |   | ⁸H | O | C | K | E | R |
| C |   |   |   |   |   |   | U |   |   |
| K |   | ⁹S | C | H | N | E | C | K | E |
| E |   |   |   |   |   |   | K |   |   |

**Waagerecht**

| | | |
|---|---|---|
| 2 | Gartengerät | HACKE |
| 3 | Er schließt den Kochtopf. | DECKEL |
| 5 | entzündet das Olympische Feuer | FACKEL |
| 8 | anderes Wort für „Schemel" | HOCKER |
| 9 | Tier mit Haus auf dem Rücken | SCHNECKE |

**Senkrecht**

| | | |
|---|---|---|
| 1 | Gegenteil von „Fußboden" | DECKE |
| 3 | Hunderasse mit kurzen Beinen | DACKEL |
| 4 | Uhr, die einen morgens aus dem Schlaf holt | WECKER |
| 6 | legt seine Eier in fremde Nester | KUCKUCK |
| 7 | kurzer Strumpf | SOCKE |

# Nr. 12: Wörter mit -kk-

| ¹A | K | K | O | R | D |   |   |   |
|---|---|---|---|---|---|---|---|---|
| ²A | K | K | O | R | D | E | O | N |
| ³A | K | K | U | M | U | L | A | T | O | R |
| ⁴A | K | K | U | R | A | T |   |   |
| ⁵A | K | K | U | S | A | T | I | V |
| ⁶M | E | K | K | A |   |   |   |   |
| ⁷M | O | K | K | A |   |   |   |   |
| ⁸S | A | K | K | O |   |   |   |   |
| ⁹M | A | K | K | A | R | O | N | I |
| ¹⁰M | A | R | O | K | K | O |   |   |

**Waagerecht**

| | | |
|---|---|---|
| 1 | Zusammenklang von Tönen | AKKORD |
| 2 | Handharmonika | AKKORDEON |
| 3 | Gerät zur Speicherung von elektrischer Energie | AKKUMULATOR |
| 4 | genau, präzise | AKKURAT |
| 5 | der 4. Fall | AKKUSATIV |
| 6 | Geburtsort des Propheten Mohammed | MEKKA |
| 7 | starkes Kaffeegetränk | MOKKA |
| 8 | Herrenjackett | SAKKO |
| 9 | Nudelart | MAKKARONI |
| 10 | Staat in Nordafrika | MAROKKO |

# Nr. 13: Test: Wörter mit -k-, -ck-, -kk-

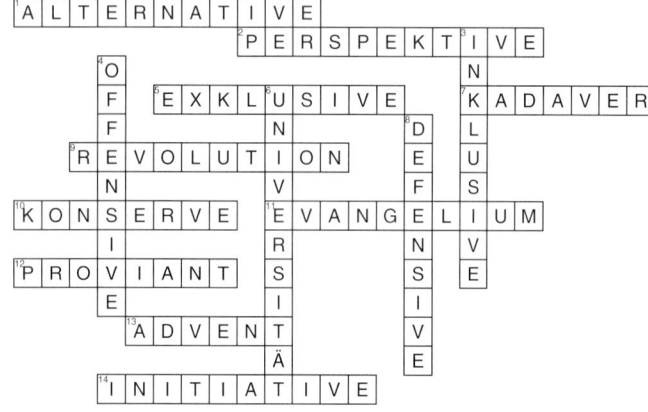

**Waagerecht**

| 5 | Milchprodukt | QUARK |
|---|---|---|
| 7 | starkes Kaffeegetränk | MOKKA |
| 8 | Handharmonika | AKKORDEON |
| 9 | landwirtschaftliche Zugmaschine | TRAKTOR |
| 11 | Vertrag, Vereinbarung | PAKT |
| 12 | Hühnerjunges | KÜKEN |
| 14 | Feinkost, feines Lebensmittel | DELIKATESSE |
| 16 | große Trommel | PAUKE |
| 17 | Arzt | DOKTOR |
| 18 | Auseinandersetzung, Streit | KONFLIKT |
| 20 | Abscheu | EKEL |
| 25 | Herrenjackett | SAKKO |
| 27 | genau, präzise | AKKURAT |
| 28 | zweckmäßig, geschickt | PRAKTISCH |
| 31 | Gastwirtschaft | LOKAL |
| 32 | Leiter einer Schule | REKTOR |
| 33 | Uhr, die einen morgens aus dem Schlaf holt | WECKER |
| 34 | Zigarettenfüllung | TABAK |
| 35 | Bezeichnung für Kunststoff | PLASTIK |
| 36 | geradewegs, sofort | DIREKT |

**Senkrecht**

| 1 | mit Strom betriebene Kochstelle | ELEKTROHERD |
| 2 | anderes Wort für „Schemel" | HOCKER |
| 3 | größeres Päckchen | PAKET |
| 4 | kaputt | DEFEKT |
| 6 | Zeitungsbericht | ARTIKEL |
| 10 | Gerät zur Speicherung von elektrischer Energie | AKKUMULATOR |
| 13 | Geburtsort des Propheten Mohammed | MEKKA |
| 14 | Mundart | DIALEKT |
| 15 | Krankenhaus | KLINIK |
| 19 | legt seine Eier in fremde Nester | KUCKUCK |
| 21 | kurzer Strumpf | SOCKE |
| 22 | Zusammenklang von Tönen | AKKORD |
| 23 | bildliche Darstellung | GRAFIK |
| 24 | Pralinen | KONFEKT |
| 26 | Regenschutzjacke | ANORAK |
| 29 | Gegenteil von „Fußboden" | DECKE |
| 30 | Schaumwein | SEKT |

# Nr. 14: Wörter mit -v-

**Waagerecht**

| 1 | Wahlmöglichkeit | ALTERNATIVE |
|---|---|---|
| 2 | Sehweise | PERSPEKTIVE |
| 5 | ausschließlich | EXKLUSIVE |
| 7 | Tierleiche | KADAVER |
| 9 | Aufruhr, Umsturz | REVOLUTION |
| 10 | haltbar gemachtes Lebensmittel | KONSERVE |
| 11 | Teil des Neuen Testaments | EVANGELIUM |
| 12 | Essensvorrat | PROVIANT |
| 13 | Vorweihnachtszeit | ADVENT |
| 14 | Entschluss zum Handeln | INITIATIVE |

**Senkrecht**

| 3 | einschließlich | INKLUSIVE |
| 4 | Angriff | OFFENSIVE |
| 6 | Hochschule | UNIVERSITÄT |
| 8 | Verteidigung | DEFENSIVE |

# Nr. 15: Wörter mit -x-, -chs-, -cks-, -gs- und -ks-

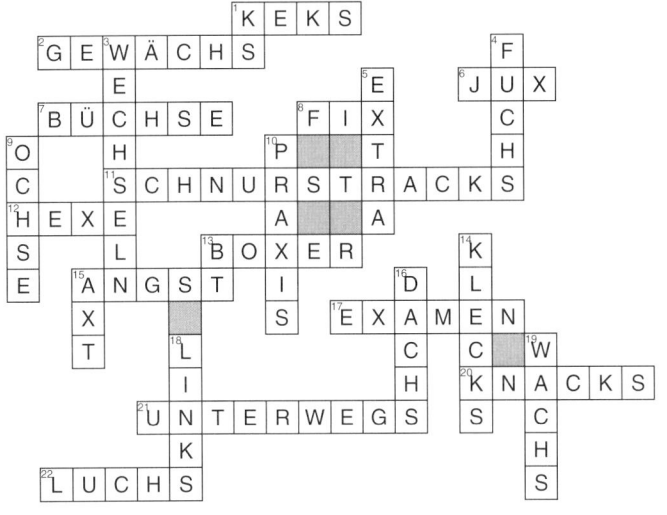

## Waagerecht

| | | |
|---|---|---|
| 1 | kleines Gebäck | KEKS |
| 2 | Pflanze | GEWÄCHS |
| 6 | Spaß | JUX |
| 7 | Dose | BÜCHSE |
| 8 | anderes Wort für „schnell" | FIX |
| 11 | anderes Wort für „geradewegs" | SCHNURSTRACKS |
| 12 | böse Frau im Märchen | HEXE |
| 13 | Faustkämpfer | BOXER |
| 15 | Furcht | ANGST |
| 17 | Prüfung (z.B. an einer Hochschule) | EXAMEN |
| 20 | kleiner Riss, Sprung | KNACKS |
| 21 | anderes Wort für „auf Reisen" | UNTERWEGS |
| 22 | katzenähnliches Wildtier | LUCHS |

## Senkrecht

| | | |
|---|---|---|
| 3 | umtauschen | WECHSELN |
| 4 | hundeähnliches Waldtier | FUCHS |
| 5 | außerdem, zusätzlich | EXTRA |
| 9 | kastriertes Rind | OCHSE |
| 10 | Arbeitsräume eines Arztes | PRAXIS |
| 14 | (Tinten-)Fleck | KLECKS |
| 15 | größeres Beil | AXT |
| 16 | schwarz-weißes Waldtier | DACHS |
| 18 | Gegenteil von „rechts" | LINKS |
| 19 | Grundstoff für Kerzen | WACHS |

# Nr. 16: Am Wortende -is, -as, -us

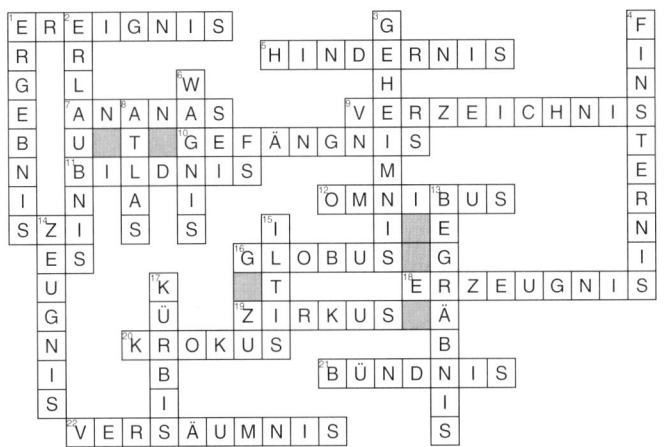

## Waagerecht

| | | |
|---|---|---|
| 1 | Begebenheit | EREIGNIS |
| 5 | Schwierigkeit | HINDERNIS |
| 7 | Südfrucht | ANANAS |
| 9 | Liste | VERZEICHNIS |
| 10 | Haftanstalt | GEFÄNGNIS |
| 11 | Gemälde | BILDNIS |
| 12 | Personentransporter | OMNIBUS |
| 16 | Modell der Erdkugel | GLOBUS |
| 18 | hergestelltes Produkt | ERZEUGNIS |
| 19 | artistisches Unternehmen | ZIRKUS |
| 20 | Frühjahrsblume | KROKUS |
| 21 | Beistandsabkommen | BÜNDNIS |
| 22 | Unterlassung | VERSÄUMIS |

## Senkrecht

| | | |
|---|---|---|
| 1 | Resultat | ERGEBNIS |
| 2 | Genehmigung | ERLAUBNIS |
| 3 | etwas Rätselhaftes | GEHEIMNIS |
| 4 | Dunkelheit | FINSTERNIS |
| 6 | kühnes Vorhaben, Risiko | WAGNIS |
| 8 | Buch voller Landkarten | ATLAS |
| 13 | Beerdigung | BEGRÄBNIS |
| 14 | Beurteilung am Schuljahresende | ZEUGNIS |
| 15 | marderähnliches Tier | ILTIS |
| 17 | große Gartenfrucht | KÜRBIS |

# Nr. 17: Mehrzahlformen

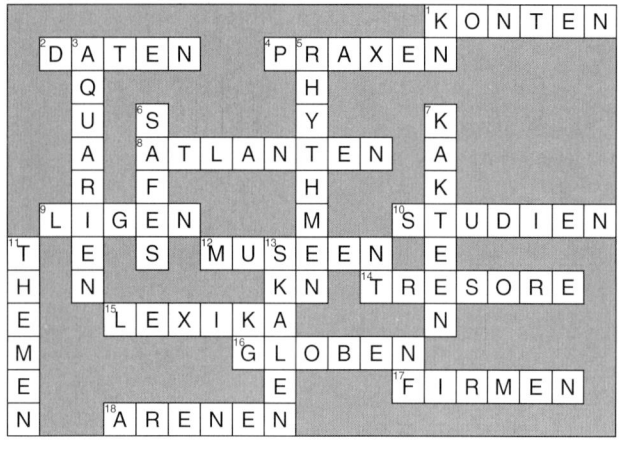

## Waagerecht

| 1 | Mehrzahl von „Konto" | KONTEN |
|---|---|---|
| 2 | Mehrzahl von „Datum" | DATEN |
| 4 | Mehrzahl von „Praxis" | PRAXEN |
| 8 | Mehrzahl von „Atlas" | ATLANTEN |
| 9 | Mehrzahl von „Liga" | LIGEN |
| 10 | Mehrzahl von „Studium" | STUDIEN |
| 12 | Mehrzahl von „Museum" | MUSEEN |
| 14 | Mehrzahl von „Tresor" | TRESORE |
| 15 | Mehrzahl von „Lexikon" | LEXIKA |
| 16 | Mehrzahl von „Globus" | GLOBEN |
| 17 | Mehrzahl von „Firma" | FIRMEN |
| 18 | Mehrzahl von „Arena" | ARENEN |

## Senkrecht

| 3 | Mehrzahl von „Aquarium" | AQUARIEN |
|---|---|---|
| 5 | Mehrzahl von „Rhythmus" | RHYTHMEN |
| 6 | Mehrzahl von „Safe" | SAFES |
| 7 | Mehrzahl von „Kaktus" | KAKTEEN |
| 11 | Mehrzahl von „Thema" | THEMEN |
| 13 | Mehrzahl von „Skala" | SKALEN |

# Nr. 18: Test: Wörter aus Nr. 14 – 17

## Waagerecht

| 4 | große Gartenfrucht | KÜRBIS |
|---|---|---|
| 5 | Essensvorrat | PROVIANT |
| 6 | Teil des Neuen Testaments | EVANGELIUM |
| 8 | Arbeitsräume eines Arztes | PRAXIS |
| 12 | Beurteilung am Schuljahresende | ZEUGNIS |
| 14 | Tierleiche | KADAVER |
| 18 | außerdem, zusätzlich | EXTRA |
| 19 | Hochschule | UNIVERSITÄT |
| 22 | anderes Wort für „schnell" | FIX |
| 24 | böse Frau im Märchen | HEXE |
| 26 | Mehrzahl von „Liga" | LIGEN |
| 27 | Mehrzahl von „Atlas" | ATLANTEN |
| 28 | (Tinten-)Fleck | KLECKS |
| 29 | Personentransporter | OMNIBUS |
| 30 | Mehrzahl von „Aquarium" | AQUARIEN |
| 31 | Schwierigkeit | HINDERNIS |
| 32 | Dunkelheit | FINSTERNIS |

## Senkrecht

| 1 | Mehrzahl von „Kaktus" | KAKTEEN |
|---|---|---|
| 2 | kleines Gebäck | KEKS |
| 3 | Spaß | JUX |
| 4 | Frühjahrsblume | KROKUS |
| 6 | Genehmigung | ERLAUBNIS |
| 7 | Mehrzahl von „Museum" | MUSEEN |
| 9 | Südfrucht | ANANAS |
| 10 | Vorweihnachtszeit | ADVENT |
| 11 | Mehrzahl von „Globus" | GLOBEN |
| 13 | Haftanstalt | GEFÄNGNIS |
| 15 | Prüfung (z.B. an einer Hochschule) | EXAMEN |
| 16 | katzenähnliches Wildtier | LUCHS |
| 17 | Gegenteil von „rechts" | LINKS |
| 20 | marderähnliches Tier | ILTIS |
| 21 | Mehrzahl von „Rhythmus" | RHYTHMEN |
| 23 | Gemälde | BILDNIS |
| 25 | schwarz-weißes Waldtier | DACHS |
| 27 | größeres Beil | AXT |

# Nr. 19: Fremdwörter mit -ou-

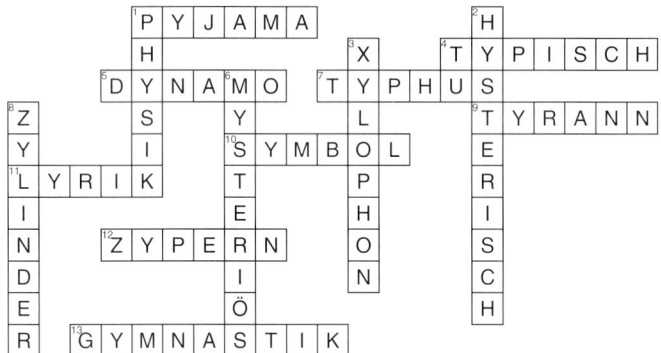

**Waagerecht**

| | | |
|---|---|---|
| 5 | gerolltes Rindfleisch | ROULADE |
| 8 | Verfasser von Zeitungsartikeln | JOURNALIST |
| 10 | lange Erfahrung, Alltag | ROUTINE |
| 11 | Andenken | SOUVENIR |

**Senkrecht**

| | | |
|---|---|---|
| 1 | Klang | SOUND |
| 2 | Sonnenschutz am Fenster | JALOUSIE |
| 3 | Fleischbrühe | BOUILLON |
| 4 | Weg, Reiserichtung | ROUTE |
| 6 | Mischgericht aus Fleischstückchen | RAGOUT |
| 7 | Reisebranche | TOURISMUS |
| 9 | Glücksspiel | ROULETTE |

# Nr. 20: Fremdwörter mit -y-

**Waagerecht**

| | | |
|---|---|---|
| 1 | Schlafanzug | PYJAMA |
| 4 | bezeichnend | TYPISCH |
| 5 | Lichtmaschine | DYNAMO |
| 7 | Infektionskrankheit | TYPHUS |
| 9 | Gewaltherrscher | TYRANN |
| 10 | Sinnbild | SYMBOL |
| 11 | Gedichte | LYRIK |
| 12 | Insel im Mittelmeer | ZYPERN |
| 13 | Turnübungen | GYMNASTIK |

**Senkrecht**

| | | |
|---|---|---|
| 1 | Naturwissenschaft | PHYSIK |
| 2 | übermäßig nervös | HYSTERISCH |
| 3 | Musikinstrument | XYLOPHON |
| 6 | geheimnisvoll | MYSTERIÖS |
| 8 | geometrischer Körper; Kopfbedeckung | ZYLINDER |

# Nr. 21: Fremdwörter mit -g-

**Waagerecht**

| | | |
|---|---|---|
| 2 | einstellen, beschäftigen | ENGAGIEREN |
| 5 | wissenschaftlich ausgebildeter Techniker | INGENIEUR |
| 7 | Beschämung, Schande | BLAMAGE |
| 8 | süßer, eingedickter Fruchtsaft | GELEE |
| 10 | Apfelsine | ORANGE |
| 11 | hohes Ansehen | PRESTIGE |

**Senkrecht**

| | | |
|---|---|---|
| 1 | Schiffsreisender | PASSAGIER |
| 3 | altes Wort für „Polizist" | GENDARM |
| 4 | Superbegabung | GENIE |
| 6 | Stockwerk | ETAGE |
| 9 | Honorar, Lohn von Schauspielern | GAGE |

# Nr. 22: Fremdwörter mit -th-

**Waagerecht**

| | | |
|---|---|---|
| 1 | Zuneigung | SYMPATHIE |
| 4 | Tanzlokal | DISKOTHEK |
| 5 | Laden für Arzneimittel | APOTHEKE |
| 7 | Sportler | ATHLET |
| 12 | Konfessionsbezeichnung | KATHOLISCH |
| 13 | Schulfach | MATHEMATIK |
| 14 | große Kirche | KATHEDRALE |
| 15 | Schank-, Ladentisch | THEKE |
| 16 | dt. Bundesland | THÜRINGEN |

**Senkrecht**

| | | |
|---|---|---|
| 2 | künstliches Körperteil | PROTHESE |
| 3 | Bücherei | BIBLIOTHEK |
| 6 | Rechtschreibung | ORTHOGRAPHIE |
| 8 | Irrgarten, Irrgang | LABYRINTH |
| 9 | Atemnot | ASTHMA |
| 10 | Gebäude mit Bühne und Zuschauerraum | THEATER |
| 11 | Temperaturregler | THERMOSTAT |

# Nr. 23: Test: Fremdwörter mit -ou-, -y-, -g-, -th-

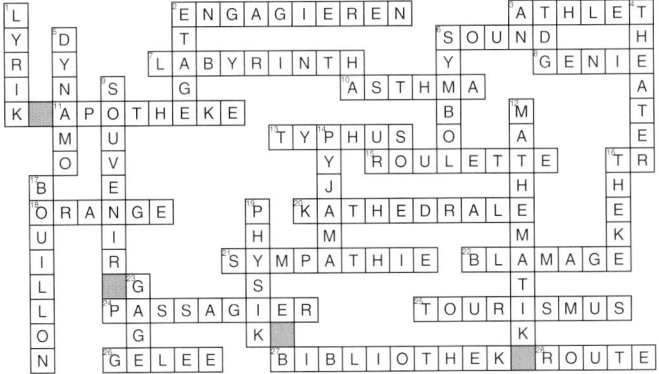

## Waagerecht

2 einstellen — ENGAGIEREN
3 Sportler — ATHLET
6 Klang — SOUND
7 Irrgarten, Irrgang — LABYRINTH
8 Superbegabung — GENIE
10 Atemnot — ASTHMA
11 Laden für Arzneimittel — APOTHEKE
13 Infektionskrankheit — TYPHUS
15 Glücksspiel — ROULETTE
18 Apfelsine — ORANGE
20 große Kirche — KATHEDRALE
21 Zuneigung — SYMPATHIE
22 Beschämung, Schande — BLAMAGE
24 Schiffsreisender — PASSAGIER
25 Reisebranche — TOURISMUS
26 süßer, eingedickter Fruchtsaft — GELEE
27 Bücherei — BIBLIOTHEK
28 Weg, Reiserichtung — ROUTE

## Senkrecht

1 Gedichte — LYRIK
2 Stockwerk — ETAGE
4 Gebäude mit Bühne und Zuschauerraum — THEATER
5 Lichtmaschine — DYNAMO
6 Sinnbild — SYMBOL
9 Andenken — SOUVENIR
12 Schulfach — MATHEMATIK
14 Schlafanzug — PYJAMA
16 Schank-, Ladentisch — THEKE
17 Fleischbrühe — BOUILLON
19 Naturwissenschaft — PHYSIK
23 Honorar, Lohn von Schauspielern — GAGE

# Nr. 24: Lieblingsspeisen – und wie man sie schreibt

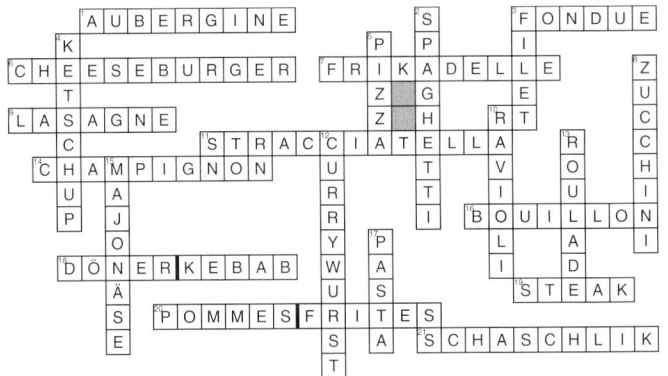

## Waagerecht

1 gurkenähnliche, violette Frucht — AUBERGINE
3 Fleischstückchen am Tisch im Topf gegart — FONDUE
6 Hamburger mit Käse — CHEESEBURGER
7 gebratener Fleischklops — FRIKADELLE
9 italienischer Auflauf mit Nudelplatten — LASAGNE
11 Eis mit Schokoladenstückchen — STRACCIATELLA
14 Speisepilz — CHAMPIGNON
16 Fleischbrühe — BOUILLON
18 türk. Weißbrot mit Fleisch vom Drehspieß (2 Wörter) — DÖNER KEBAB
19 gebratene Fleischschnitte — STEAK
20 in Fett gebackene Kartoffelstäbchen (2 Wörter) — POMMES FRITES
21 kleiner gebratener Fleischspieß — SCHASCHLIK

## Senkrecht

2 dünne, fadenartige Nudeln — SPAGHETTI
3 zartes Fleischstück aus der Lende eines Schlachttiers — FILET
4 würzige Tomatensoße — KETSCHUP
5 italienisches Hefebackwerk mit pikantem Belag — PIZZA
8 grünes, gurkenähnliches Gemüse — ZUCCHINI
10 kleine gefüllte Teigtaschen — RAVIOLI
12 Wurst mit pikanter Soße — CURRYWURST
13 gerollte und gebratene Fleischscheibe — ROULADE
15 helle, dicke Soße aus Eigelb und Öl — MAJONÄSE
17 Oberbegriff für italienische Nudelgerichte — PASTA

# Nr. 25: Fremdwörter als Adjektive

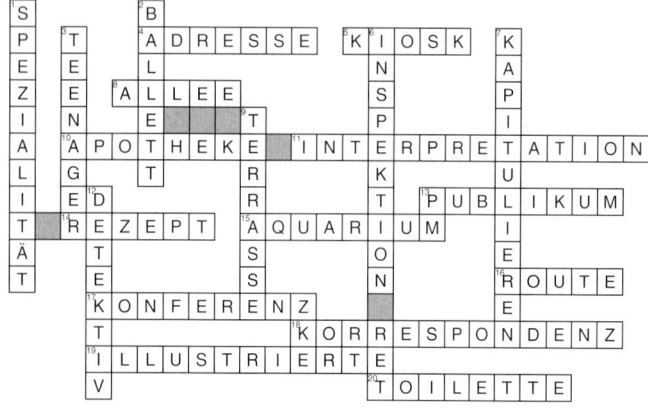

## Waagerecht

| | | |
|---|---|---|
| 2 | vorherrschend | DOMINANT |
| 5 | dauerhaft | PERMANENT |
| 6 | heikel | BRISANT |
| 7 | auf eine Gegend bezogen | REGIONAL |
| 8 | wahlweise | ALTERNATIV |
| 10 | augenblicklich | MOMENTAN |
| 11 | entgegenkommend, großzügig | KULANT |
| 13 | grundlegend | FUNDAMENTAL |
| 17 | folgerichtig, denkrichtig | LOGISCH |
| 18 | reizvoll, fesselnd | INTERESSANT |
| 20 | auf das Sehen bezogen | VISUELL |
| 21 | verstandesmäßig | RATIONAL |
| 22 | weiblich | FEMININ |
| 23 | vollendet | PERFEKT |
| 24 | durchsichtig | TRANSPARENT |

## Senkrecht

| | | |
|---|---|---|
| 1 | teilweise | PARTIELL |
| 3 | beweglich | MOBIL |
| 4 | fortschrittlich | PROGRESSIV |
| 5 | einleuchtend | PLAUSIBEL |
| 9 | kindlich | INFANTIL |
| 12 | gewalttätig, angriffslustig | AGGRESSIV |
| 14 | mit Worten ausgedrückt | VERBAL |
| 15 | ständig gleich bleibend | KONSTANT |
| 16 | empfindlich | SENSIBEL |
| 19 | menschlich | HUMAN |

# Nr. 26: Fremdwörter – kreuz und quer 1

## Waagerecht

| | | |
|---|---|---|
| 4 | Anschrift | ADRESSE |
| 5 | Verkaufsbude | KIOSK |
| 8 | Straße mit Bäumen an beiden Seiten | ALLEE |
| 10 | Laden für Medikamente | APOTHEKE |
| 11 | Erläuterung, Erklärung | INTERPRETATION |
| 13 | mehrere Zuschauer oder Zuhörer | PUBLIKUM |
| 14 | Verschreibung eines Arztes | REZEPT |
| 15 | Behälter für Zierfische | AQUARIUM |
| 16 | geplanter Weg einer Fahrt | ROUTE |
| 17 | Besprechung | KONFERENZ |
| 18 | Briefwechsel | KORRESPONDENZ |
| 19 | bebilderte Zeitschrift | ILLUSTRIERTE |
| 20 | WC | TOILETTE |

## Senkrecht

| | | |
|---|---|---|
| 1 | Besonderheit | SPEZIALITÄT |
| 2 | Kunsttanz | BALLETT |
| 5 | Jugendlicher zwischen 13 und 19 | TEENAGER |
| 6 | regelmäßige Überprüfung | INSPEKTION |
| 7 | sich ergeben | KAPITULIEREN |
| 9 | Freisitz auf ebener Erde | TERRASSE |
| 12 | Kriminalist | DETEKTIV |

# Nr. 27: Fremdwörter – kreuz und quer 2

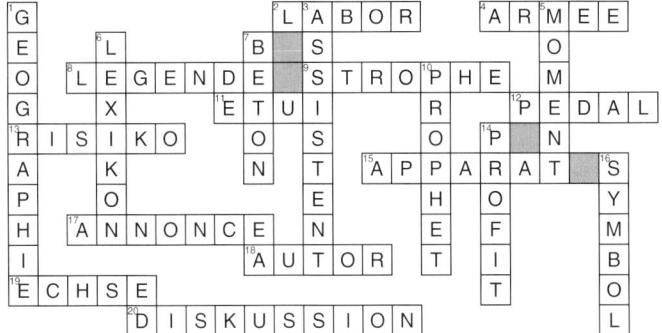

## Waagerecht

- 2 Arbeitsraum eines Chemikers — LABOR
- 4 große Heeresabteilung — ARMEE
- 8 Heiligensage — LEGENDE
- 9 Teil des Gedichts — STROPHE
- 11 Behälter für eine Brille — ETUI
- 12 Fußhebel am Fahrrad — PEDAL
- 13 Wagnis, Gefahr — RISIKO
- 15 Maschine — APPARAT
- 17 Zeitungsanzeige — ANNONCE
- 18 Verfasser — AUTOR
- 19 Kriechtier — ECHSE
- 20 Meinungsaustausch — DISKUSSION

## Senkrecht

- 1 Erdkunde — GEOGRAPHIE
- 3 Gehilfe — ASSISTENT
- 5 Augenblick — MOMENT
- 6 Nachschlagewerk — LEXIKON
- 7 sehr harter, moderner Baustoff — BETON
- 10 Seher, Verkünder — PROPHET
- 14 Gewinn — PROFIT
- 16 Kennzeichen, Sinnbild — SYMBOL

# Nr. 28: Fremdwörter – kreuz und quer 3

## Waagerecht

- 1 Material für Angelschnüre — NYLON
- 4 Versuch — EXPERIMENT
- 6 Unterkunft — QUARTIER
- 9 Bücherei — BIBLIOTHEK
- 10 Aufruf — APPELL
- 11 Achtung, Ehrfurcht — RESPEKT
- 12 Fahndungsaktion der Polizei — RAZZIA
- 13 Abrichtung von Tieren — DRESSUR
- 14 Munition für Pistole und Gewehr — PATRONE

## Senkrecht

- 2 Unterschied — DIFFERENZ
- 3 Seher, Verkünder — PROPHET
- 5 Wissenschaft von „Gott" — THEOLOGIE
- 7 Preisnachlass — RABATT
- 8 Straßenbelag — ASPHALT

# Nr. 29: Fremdwörter – kreuz und quer 4

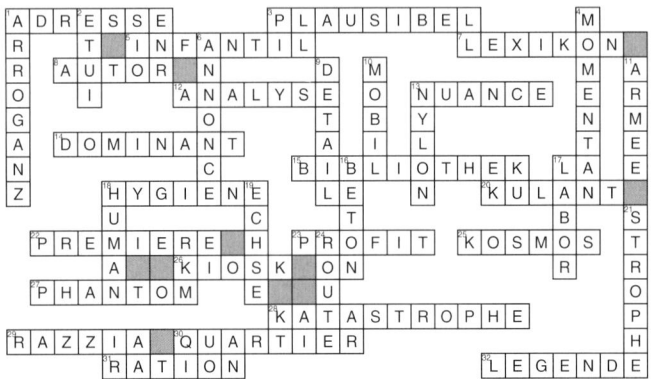

## Waagerecht

| | | |
|---|---|---|
| 3 | Militärkrankenhaus | LAZARETT |
| 4 | feiner Unterschied | NUANCE |
| 8 | Befragung | INTERVIEW |
| 10 | genaue Untersuchung | ANALYSE |
| 11 | Weltall | KOSMOS |
| 13 | Annahme | HYPOTHESE |
| 14 | Lehre vom folgerichtigen Denken | LOGIK |
| 15 | Unglück | MALHEUR |
| 17 | Hochmut | ARROGANZ |
| 19 | Feinschmecker | GOURMET |
| 20 | schlimmes Ereignis | KATASTROPHE |
| 21 | Milchstraße | GALAXIE |
| 22 | Behälter für Geld, Filme, Tonbänder | KASSETTE |
| 23 | Wohnsitz der griech. Götter | OLYMP |
| 24 | Irrgarten | LABYRINTH |
| 25 | Wort mit gleicher Bedeutung | SYNONYM |
| 26 | Verständigung | KOMMUNIKATION |
| 27 | Erstaufführung | PREMIERE |

## Senkrecht

| | | |
|---|---|---|
| 1 | gespenstische Erscheinung | PHANTOM |
| 2 | Einzelheit | DETAIL |
| 5 | Volksherrschaft | DEMOKRATIE |
| 6 | zugeteilte Menge | RATION |
| 7 | fesselnde Wirkung | FASZINATION |
| 9 | Zusammenstoß | KOLLISION |
| 12 | Überwachung, Überprüfung | KONTROLLE |
| 16 | Entzündung der Atemwege | KATARRH |
| 18 | Sauberkeit | HYGIENE |

# Nr. 30: Test: Fremdwörter (Nr. 25 – 29)

## Waagerecht

| | | |
|---|---|---|
| 18 | Sauberkeit | HYGIENE |
| 20 | entgegenkommend, großzügig | KULANT |
| 22 | Erstaufführung | PREMIERE |
| 23 | Gewinn | PROFIT |
| 25 | Weltall | KOSMOS |
| 26 | Verkaufsbude | KIOSK |
| 27 | gespenstische Erscheinung | PHANTOM |
| 28 | schlimmes Ereignis | KATASTROPHE |
| 29 | Fahndungsaktion der Polizei | RAZZIA |
| 30 | Unterkunft | QUARTIER |
| 31 | zugeteilte Menge | RATION |
| 32 | Heiligensage | LEGENDE |

## Senkrecht

| | | |
|---|---|---|
| 1 | Hochmut | ARROGANZ |
| 2 | Behälter für eine Brille | ETUI |
| 4 | augenblicklich | MOMENTAN |
| 6 | Zeitungsanzeige | ANNONCE |
| 9 | Einzelheit | DETAIL |
| 10 | beweglich | MOBIL |
| 11 | große Heeresabteilung | ARMEE |
| 13 | Material für Angelschnüre | NYLON |
| 16 | sehr harter, moderner Baustoff | BETON |
| 17 | Arbeitsraum eines Chemikers | LABOR |
| 18 | menschlich | HUMAN |
| 19 | Kriechtier | ECHSE |
| 21 | Teil des Gedichts | STROPHE |
| 24 | geplanter Weg einer Fahrt | ROUTE |

## Waagerecht

| | | |
|---|---|---|
| 1 | Anschrift | ADRESSE |
| 3 | einleuchtend | PLAUSIBEL |
| 5 | kindlich | INFANTIL |
| 7 | Nachschlagewerk | LEXIKON |
| 8 | Verfasser | AUTOR |
| 12 | genaue Untersuchung | ANALYSE |
| 13 | feiner Unterschied | NUANCE |
| 14 | vorherrschend | DOMINANT |
| 15 | Bücherei | BIBLIOTHEK |

# Nr. 31: Fremdwörter aus dem Englischen 1

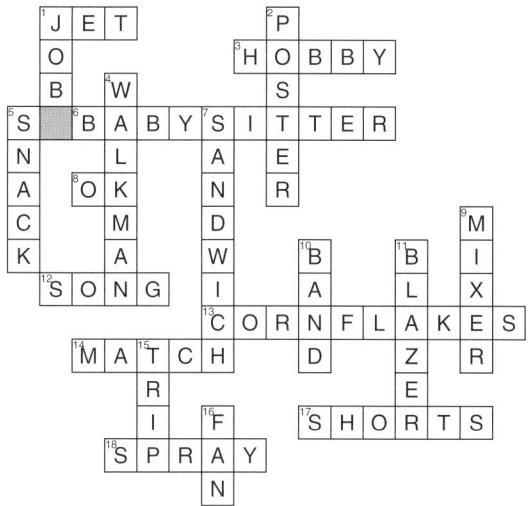

## Waagerecht

| | | |
|---|---|---|
| 1 | Düsenflugzeug | JET |
| 3 | Freizeitbeschäftigung | HOBBY |
| 6 | jemand, der ein Kleinkind beaufsichtigt | BABYSITTER |
| 8 | in Ordnung | OK |
| 12 | Lied | SONG |
| 13 | knusprige Maisflocken zum Frühstück | CORNFLAKES |
| 14 | Spiel, Wettkampf | MATCH |
| 17 | kurze Hosen | SHORTS |
| 18 | sprühbare Flüssigkeit | SPRAY |

## Senkrecht

| | | |
|---|---|---|
| 1 | kurzzeitige, vorübergehende Tätigkeit | JOB |
| 2 | Plakat | POSTER |
| 4 | mobiles Kassettenabspielgerät | WALKMAN |
| 5 | kleiner Imbiss | SNACK |
| 7 | belegtes Brot | SANDWICH |
| 9 | elektrisches Gerät zum Mischen und Zerkleinern | MIXER |
| 10 | Musikergruppe | BAND |
| 11 | Jackett, Jacke | BLAZER |
| 15 | kurzer Ausflug | TRIP |
| 16 | Anhänger einer Mannschaft oder Musikgruppe | FAN |

# Nr. 32: Fremdwörter aus dem Englischen 2

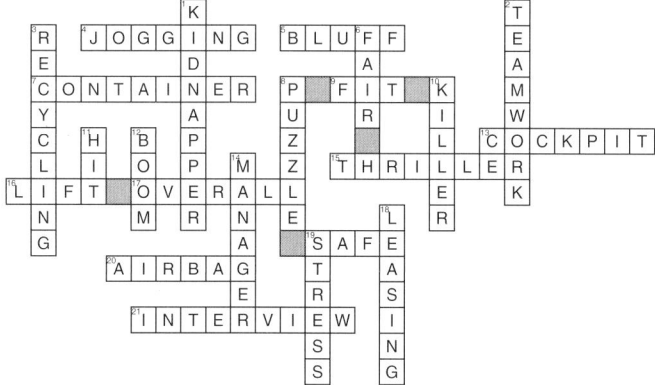

## Waagerecht

| | | |
|---|---|---|
| 4 | Dauerlauf | JOGGING |
| 5 | Täuschung | BLUFF |
| 7 | Behälter | CONTAINER |
| 9 | durchtrainiert | FIT |
| 13 | Pilotenkanzel | COCKPIT |
| 15 | spannender Roman oder Film | THRILLER |
| 16 | Fahrstuhl | LIFT |
| 17 | einteiliger Schutzanzug | OVERALL |
| 19 | Tresor | SAFE |
| 20 | Luftsack im Auto als Schutz bei Unfällen | AIRBAG |
| 21 | Befragung | INTERVIEW |

## Senkrecht

| | | |
|---|---|---|
| 1 | Kindesentführer | KIDNAPPER |
| 2 | Gemeinschaftsarbeit | TEAMWORK |
| 3 | Wiederverwertung | RECYCLING |
| 6 | anständig, gerecht | FAIR |
| 8 | Spiel aus zusammenfügbaren Teilen | PUZZLE |
| 10 | bezahlter Mörder | KILLER |
| 11 | erfolgreicher Schlager | HIT |
| 12 | starker wirtschaftlicher Aufschwung | BOOM |
| 14 | leitender Angestellter | MANAGER |
| 18 | Kaufmiete | LEASING |
| 19 | starke nervliche Belastung | STRESS |

# Nr. 33: Fremdwörter aus dem Französischen

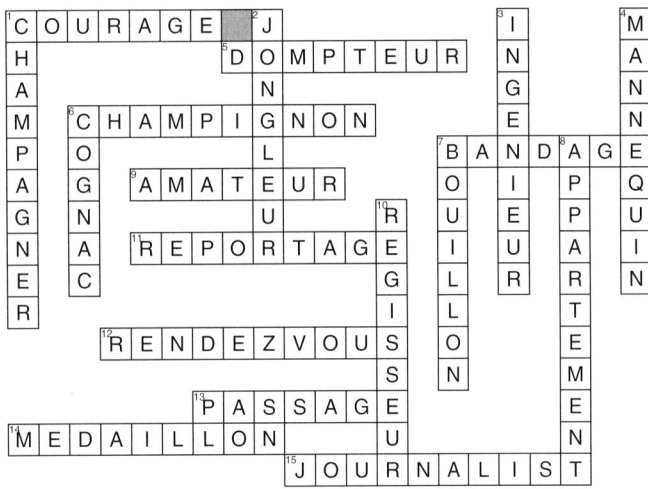

## Waagerecht

| 1 | Mut | COURAGE |
|---|---|---|
| 5 | Tierbändiger | DOMPTEUR |
| 6 | Pilzsorte | CHAMPIGNON |
| 7 | Verband | BANDAGE |
| 9 | Nichtprofi | AMATEUR |
| 11 | Zeitungsbericht | REPORTAGE |
| 12 | Verabredung, Stelldichein | RENDEZVOUS |
| 13 | Teil eines Textes | PASSAGE |
| 14 | Kapsel mit Bild als Anhänger | MEDAILLON |
| 15 | Mitarbeiter von Zeitungen und Zeitschriften | JOURNALIST |

## Senkrecht

| 1 | französischer Schaumwein | CHAMPAGNER |
|---|---|---|
| 2 | Geschicklichkeitskünstler | JONGLEUR |
| 3 | Techniker mit Hochschulausbildung | INGENIEUR |
| 4 | Person, die Mode vorführt | MANNEQUIN |
| 6 | französischer Weinbrand | COGNAC |
| 7 | Fleischbrühe | BOUILLON |
| 8 | Wohnung in Hotel oder Urlaubsort | APPARTEMENT |
| 10 | Spielleiter bei Film, Funk, Fernsehen | REGISSEUR |

# Nr. 34: Test: Fremdwörter aus Nr. 31 – 33

## Waagerecht

| 4 | Luftsack im Auto als Schutz bei Unfällen | AIRBAG |
|---|---|---|
| 6 | kurzer Ausflug | TRIP |
| 7 | Behälter | CONTAINER |
| 11 | Spiel aus zusammenfügbaren Teilen | PUZZLE |
| 13 | in Ordnung | OK |
| 14 | Tresor | SAFE |
| 16 | Musikergruppe | BAND |
| 17 | anständig, gerecht | FAIR |
| 23 | Düsenflugzeug | JET |
| 25 | Verband | BANDAGE |
| 26 | Techniker mit Hochschulausbildung | INGENIEUR |
| 27 | durchtrainiert | FIT |
| 29 | Nichtprofi | AMATEUR |
| 30 | starke nervliche Belastung | STRESS |
| 32 | Wiederverwertung | RECYCLING |
| 33 | Freizeitbeschäftigung | HOBBY |
| 34 | leitender Angestellter | MANAGER |
| 35 | starker wirtschaftlicher Aufschwung | BOOM |
| 36 | Gemeinschaftsarbeit | TEAMWORK |

## Senkrecht

| 1 | kleiner Imbiss | SNACK |
|---|---|---|
| 2 | Kindesentführer | KIDNAPPER |
| 3 | Kaufmiete | LEASING |
| 5 | Jackett, Jacke | BLAZER |
| 7 | Pilotenkanzel | COCKPIT |
| 8 | sprühbare Flüssigkeit | SPRAY |
| 9 | Mut | COURAGE |
| 10 | jemand, der ein Kleinkind beaufsichtigt | BABYSITTER |
| 12 | Fahrstuhl | LIFT |
| 15 | Anhänger einer Mannschaft oder Musikgruppe | FAN |
| 18 | elektrisches Gerät zum Mischen und Zerkleinern | MIXER |
| 19 | spannender Roman oder Film | THRILLER |
| 20 | belegtes Brot | SANDWICH |
| 21 | mobiles Kassettenabspielgerät | WALKMAN |
| 22 | Tierbändiger | DOMPTEUR |
| 23 | kurzzeitige, vorübergehende Tätigkeit | JOB |
| 24 | erfolgreicher Schlager | HIT |
| 28 | Spiel, Wettkampf | MATCH |
| 31 | Lied | SONG |

# Nr. 35: Grammatik 1: Wortarten dt. – lat.

## Waagerecht

| | | |
|---|---|---|
| 1 | besitzanzeigendes Fürwort | POSSESSIVPRONOMEN |
| 3 | persönliches Fürwort | PERSONALPRONOMEN |
| 5 | Fragewort | INTERROGATIVPRONOMEN |
| 6 | Zeitwort, Tätigkeitswort | VERB |
| 8 | Zahlwort | NUMERALE |
| 9 | Bindewort | KONJUNKTION |
| 10 | Geschlechtswort, Begleiter | ARTIKEL |
| 11 | Eigenschaftswort | ADJEKTIV |
| 12 | Umstandswort | ADVERB |
| 13 | Verhältniswort | PRÄPOSITION |
| 14 | rückbezügliches Fürwort | REFLEXIVPRONOMEN |

## Senkrecht

| | | |
|---|---|---|
| 2 | Hauptwort | SUBSTANTIV |
| 4 | Mittelwort | PARTIZIP |
| 7 | andere lat. Bezeichnung für „Substantiv" | NOMEN |

# Nr. 36: Grammatik 2: Grammatische Begriffe Teil 1

## Waagerecht

| | | |
|---|---|---|
| 2 | Satzaussage | PRÄDIKAT |
| 4 | 4. Fall, Wen-/Was-Fall | AKKUSATIV |
| 8 | Mehrzahl | PLURAL |
| 11 | Umstandsbestimmung | ADVERBIALE |
| 12 | grammatische Zahl | NUMERUS |
| 16 | vollendete Vergangenheit | PLUSQUAMPERFEKT |
| 20 | 2. Fall, Wessen-Fall | GENITIV |
| 23 | Mitlaut | KONSONANT |
| 24 | (Satz-)Ergänzung | OBJEKT |
| 25 | Vergangenheit | PRÄTERITUM |
| 26 | Grundform des Verbs | INFINITIV |

## Senkrecht

| | | |
|---|---|---|
| 1 | Selbstlaut | VOKAL |
| 3 | 3. Fall, Wem-Fall | DATIV |
| 5 | Beugung von Verben | KONJUGATION |
| 6 | Satzgegenstand | SUBJEKT |
| 7 | grammatischer Fall | KASUS |
| 9 | sächliches grammatisches Geschlecht | NEUTRUM |
| 10 | Zeitform | TEMPUS |
| 13 | Nachsilbe | SUFFIX |
| 14 | Gegenwart | PRÄSENS |
| 15 | vollendete Gegenwart | PERFEKT |
| 17 | Einzahl | SINGULAR |
| 18 | Vorsilbe | PRÄFIX |
| 19 | 1. Fall, Wer-/Was-Fall | NOMINATIV |
| 21 | grammatisches Geschlecht | GENUS |
| 22 | Zukunft | FUTUR |

# Nr. 37: Grammatik 3: Grammatische Begriffe Teil 2

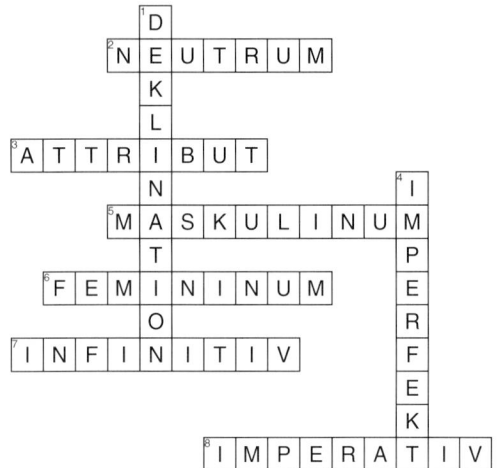

## Waagerecht

2 sächliches grammatisches Geschlecht     NEUTRUM
3 Beifügung     ATTRIBUT
5 männliches grammatisches Geschlecht     MASKULINUM
6 weibliches grammatisches Geschlecht     FEMININUM
7 Grundform des Verbs     INFINITIV
8 Befehlsform     IMPERATIV

## Senkrecht

1 Beugung von Substantiven, Pronomen usw.     DEKLINATION
4 andere lat. Bezeichnung für „Präteritum"     IMPERFEKT


# Nr. 38: Test: Grammatische Begriffe

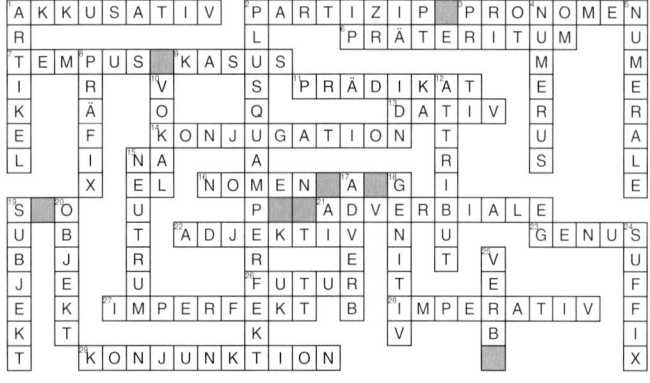

## Waagerecht

1 4. Fall, Wen-/Was-Fall     AKKUSATIV
2 Mittelwort     PARTIZIP
3 Fürwort     PRONOMEN
6 Vergangenheit     PRÄTERITUM
7 Zeitform     TEMPUS
9 grammatischer Fall     KASUS
11 Satzaussage     PRÄDIKAT
13 3. Fall, Wem-Fall     DATIV
14 Beugung von Verben     KONJUGATION
16 andere lat. Bezeichnung für „Substantiv"     NOMEN
21 Umstandsbestimmung     ADVERBIALE
22 Eigenschaftswort     ADJEKTIV
23 grammatisches Geschlecht     GENUS
26 Zukunft     FUTUR
27 andere lat. Bezeichnung für „Präteritum"     IMPERFEKT
28 Befehlsform     IMPERATIV
29 Bindewort     KONJUNKTION

## Senkrecht

1 Geschlechtswort, Begleiter     ARTIKEL
2 vollendete Vergangenheit     PLUSQUAMPERFEKT
4 grammatische Zahl     NUMERUS
5 Zahlwort     NUMERALE
8 Vorsilbe     PRÄFIX
10 Selbstlaut     VOKAL
12 Beifügung     ATTRIBUT
15 sächliches grammat. Geschlecht     NEUTRUM
17 Umstandswort     ADVERB
18 2. Fall, Wessen-Fall     GENITIV
19 Satzgegenstand     SUBJEKT
20 (Satz-)Ergänzung     OBJEKT
24 Nachsilbe     SUFFIX
25 Zeitwort, Tätigkeitswort     VERB

# Nr. 39: Literatur Kl. 5/6: Max von der Grün: Vorstadtkrokodile

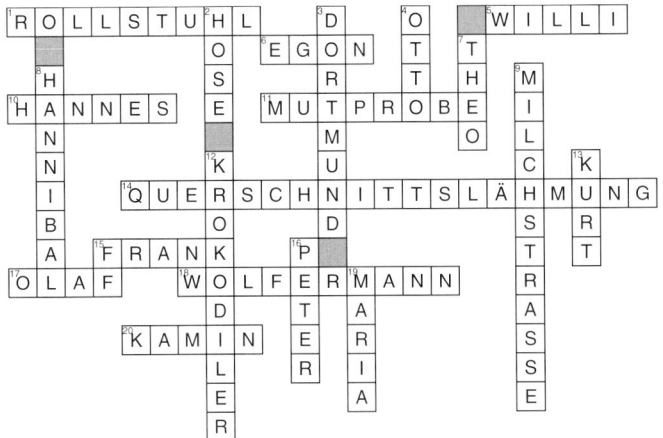

**14** Kurts Behinderung · QUERSCHNITTSLÄHMUNG
**15** Er hat den Spitznamen „Affe", weil er so gut klettern kann. · FRANK
**17** Anführer der Bande · OLAF
**18** Nachname des Jungen im Rollstuhl · WOLFERMANN
**20** Er soll bei der Ziegelei gesprengt werden. · KAMIN

## Senkrecht

**2** Auf dieses Kleidungsstück wird das Erkennungszeichen der Bande genäht. · HOSE
**3** Hier spielt die Geschichte. · DORTMUND
**4** Er ist der Leichteste von den Bandenmitgliedern. · OTTO
**7** Junge mit Schottenmütze und kleiner Schwester. · THEO
**8** So heißt Hannes' Haustier. · HANNIBAL
**9** Frank nennt Hannes so wegen seiner vielen Sommersprossen. · MILCHSTRASSE
**12** So nennen sich die Bandenmitglieder. · KROKODILER
**13** Er ist gelähmt, wartet, denkt nach, passt auf. · KURT
**16** Er bohrt bei Aufregung in der Nase. · PETER
**19** das einzige Mädchen in der Bande · MARIA

## Waagerecht

**1** Kurts Fortbewegungsmittel · ROLLSTUHL
**5** Bandenmitglied mit dem Spitznamen „Kaninchen" · WILLI
**6** Franks Bruder · EGON
**10** Er ist der Kleinste und Jüngste. · HANNES
**11** Zu Beginn des Buches muss Hannes diese bestehen. · MUTPROBE

# Nr. 40: Literatur Kl. 5/6: Wilhelm Hauff: Die Karawane

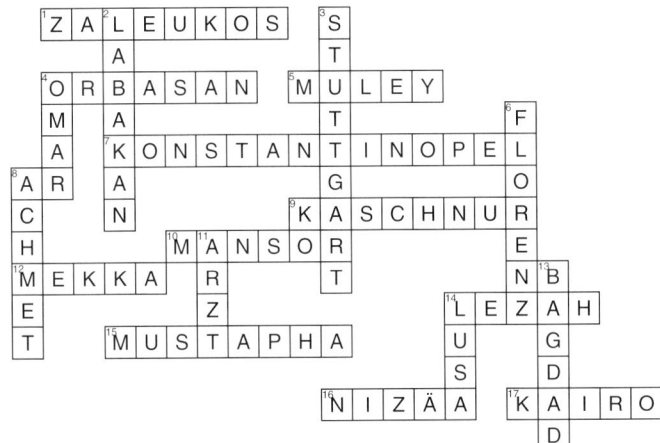

## Waagerecht

**1** Erzähler der Geschichte von der abgehauenen Hand · ZALEUKOS
**4** Hauptmann der Wüstenräuber · ORBASAN
**5** Er erzählt vom kleinen Muck. · MULEY
**7** Herkunftsort des Zaleukos · KONSTANTINOPEL
**9** Zauberer in „Kalif Storch" · KASCHNUR
**10** Großwesir des Kalifs Storch · MANSOR
**12** Ausgangsort der Karawane · MEKKA
**14** Er erzählt von der Errettung Fatmes. · LEZAH
**15** Lezahs Bruder · MUSTAPHA
**16** Wohnort des kleinen Muck · NIZÄA
**17** Zielort der Karawane · KAIRO

## Senkrecht

**2** Schneidergeselle im „Falschen Prinzen" · LABAKAN
**3** Geburtsort Wilhelm Hauffs · STUTTGART
**4** richtiger Prinz im „Falschen Prinzen" · OMAR
**6** Hier lernt Zaleukos den Rotmantel kennen. · FLORENZ
**8** Erzähler der Geschichte vom Gespensterschiff · ACHMET
**11** einer der Berufe Zaleukos' · ARZT
**13** Hier herrscht Kalif Chasid. · BAGDAD
**14** verzauberte Prinzessin in „Kalif Storch" · LUSA

# Nr. 41: Literatur Kl. 6/7: Willi Fährmann: Das Jahr der Wölfe

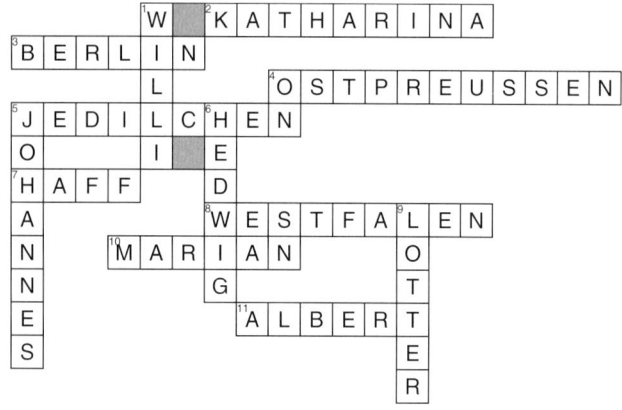

**Waagerecht**

2 Konrads zweite Schwester     **KATHARINA**
3 Wohnort von Konrads Onkel Georg     **BERLIN**
4 Das Heimatdorf der Bienmanns liegt in …     **OSTPREUSSEN**
5 Heimatort der Bienmanns     **JEDILCHEN**
7 durch Landzunge geschützte Meeresbucht     **HAFF**
8 neue Heimat der Bienmanns     **WESTFALEN**
10 Konrads polnischer Freund     **MARIAN**
11 Konrads Bruder     **ALBERT**

**Senkrecht**

1 Vorname des Autors     **WILLI**
5 Vorname von Konrads Vater     **JOHANNES**
6 Name von Konrads Schwester     **HEDWIG**
9 Pferd der Familie Bienmann     **LOTTER**

# Nr. 42: Literatur Kl. 7/8: Die Nibelungen

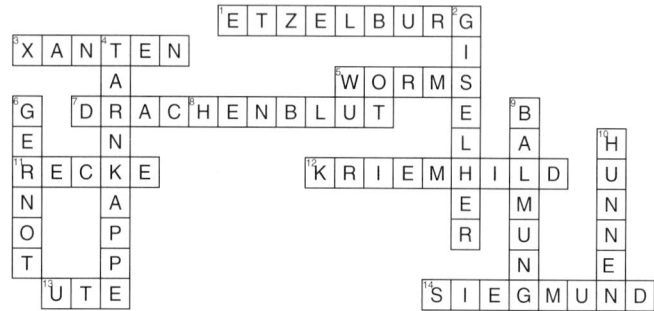

**Waagerecht**

1 Hier gehen die Nibelungen unter.     **ETZELBURG**
3 Herkunftsort Siegfrieds     **XANTEN**
5 Hier steht das Schloss der Burgunden.     **WORMS**
7 Es macht Siegfried nahezu unverletzbar.     **DRACHENBLUT**
11 altes Wort für Kämpfer     **RECKE**
12 Schwester König Gunthers     **KRIEMHILD**
13 Mutter König Gunthers     **UTE**
14 Vater Siegfrieds     **SIEGMUND**

**Senkrecht**

1 anderer Name für Attila     **ETZEL**
2 Bruder König Gunthers     **GISELHER**
4 Sie macht Siegfried unsichtbar.     **TARNKAPPE**
6 Bruder König Gunthers     **GERNOT**
8 Lehensmann Gunthers aus Tronje     **HAGEN**
9 Siegfrieds Wunderschwert     **BALMUNG**
10 Attila war König der …     **HUNNEN**

# Nr. 43: Literatur Kl. 7/8: Griechische Sagen

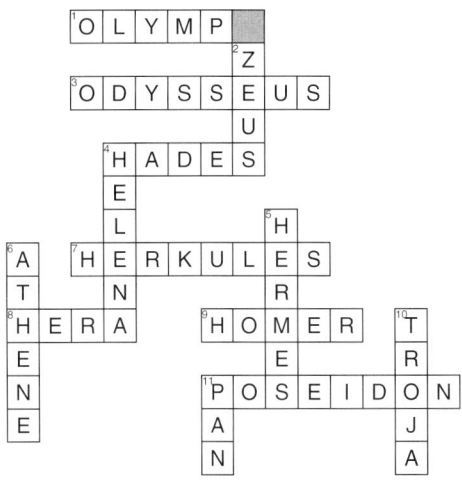

## Waagerecht

| | | |
|---|---|---|
| 1 | „Wohnsitz" des Göttervaters | OLYMP |
| 3 | Erfinder des Trojanischen Pferdes | ODYSSEUS |
| 4 | Gott der Toten und Herrscher der Unterwelt | HADES |
| 7 | in der griech. Sagenwelt der stärkste Mann der Welt | HERKULES |
| 8 | Gattin des Zeus | HERA |
| 9 | Verfasser der „Odyssee" | HOMER |
| 11 | Gott des Meeres | POSEIDON |

## Senkrecht

| | | |
|---|---|---|
| 2 | Göttervater | ZEUS |
| 4 | nach Troja entführte Königin von Sparta | HELENA |
| 5 | Götterbote und Beschützer der Reisenden | HERMES |
| 6 | Lieblingstochter des Zeus und Göttin der Klugheit | ATHENE |
| 10 | Die Ilias-Sage beschreibt den Kampf um ... | TROJA |
| 11 | Hirtengott mit Geißbockfüßen | PAN |

# Nr. 44: Literatur Kl. 7/8: Berühmte Jugendbücher

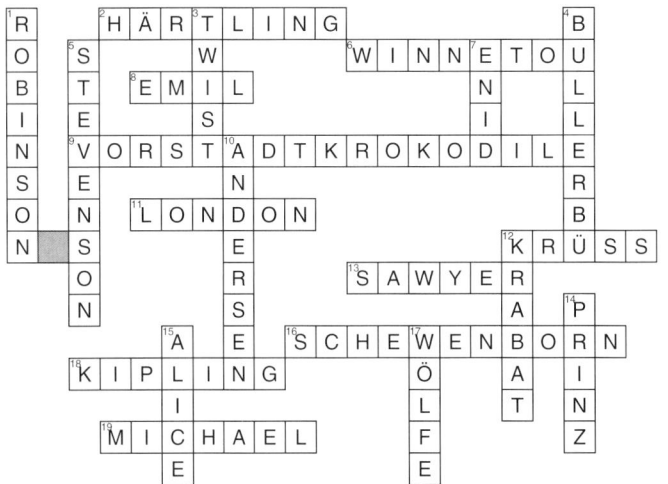

| | | |
|---|---|---|
| 9 | Max von der Grün schrieb dieses Buch. | VORSTADT-KROKODILE |
| 11 | „Ruf der Wildnis" stammt von Jack ... . | LONDON |
| 12 | Das Buch „Timm Thaler" wurde von James ... geschrieben. | KRÜSS |
| 13 | Mark Twain erfand zwei Lausbuben: Huckleberry Finn und Tom ... . | SAWYER |
| 16 | Von Gudrun Pausewang stammt das Buch „Die Kinder von ...". | SCHEWENBORN |
| 18 | Verfasser von „Das Dschungelbuch" | KIPLING |
| 19 | Vorname des Autors von „Momo" | MICHAEL |

## Senkrecht

| | | |
|---|---|---|
| 1 | Daniel Defoe ist der Verfasser von „... Crusoe". | ROBINSON |
| 3 | Charles Dickens' Straßenjunge heißt „Oliver ...". | TWIST |
| 4 | Astrid Lindgren schrieb „Die Kinder von ...". | BULLERBÜ |
| 5 | Robert Louis ... schrieb „Die Schatzinsel". | STEVENSON |
| 7 | Vorname der Verfasserin der „Fünf Freunde-Serie" | ENID |
| 10 | Dänischer Märchenschriftsteller, Vornamen: Hans Christian | ANDERSEN |
| 12 | Otfried Preußler schrieb „Die kleine Hexe" und das Buch „...". | KRABAT |
| 14 | Von Antoine de Saint-Exupéry ist das Buch „Der kleine ...". | PRINZ |
| 15 | Lewis Carroll schrieb das Kinderbuch „... im Wunderland". | ALICE |
| 17 | Willi Fährmann schrieb das Buch „Das Jahr der ...". | WÖLFE |

## Waagerecht

| | | |
|---|---|---|
| 2 | Wer schrieb das Buch „Das war der Hirbel"? – Peter ... . | HÄRTLING |
| 6 | von Karl May erfundener Indianerhäuptling | WINNETOU |
| 8 | Von Erich Kästner stammt das Buch „... und die Detektive". | EMIL |

# Nr. 45: Literatur Kl. 8/9: Friedrich Schiller: Wilhelm Tell

## Waagerecht

| | | |
|---|---|---|
| 1 | anderer Sohn Tells | WILHELM |
| 5 | einer der Urkantone | UNTERWALDEN |
| 6 | Er hat Wolfenschießen erschlagen. | BAUMGARTEN |
| 9 | Er sammelt in Uri Anhänger für den Aufstand. | FÜRST |
| 10 | einer der Urkantone | SCHWYZ |
| 12 | Er sammelt in Unterwalden Anhänger für den Aufstand. | MELCHTAL |
| 13 | Waffe Tells | ARMBRUST |
| 15 | Mörder des Kaisers | PARRICIDA |
| 16 | Geßlers Hut hängt hier. | ALTDORF |

## Senkrecht

| | | |
|---|---|---|
| 2 | Er sammelt in Schwyz Anhänger für den Aufstand. | STAUFFACHER |
| 3 | Neffe des Freiherrn von Attinghausen | RUDENZ |
| 4 | Sie wird von Rudenz umworben. | BERTA |
| 7 | Reichsvogt in Schwyz und Uri | GESSLER |
| 8 | Hier schwören die Vertreter der Urkantone. | RÜTLI |
| 11 | Ihm schießt Tell den Apfel vom Kopf. | WALTER |
| 14 | einer der Urkantone | URI |

# Nr. 46: Literatur Kl. 9/10: Johann Wolfgang von Goethe: Götz von Berlichingen

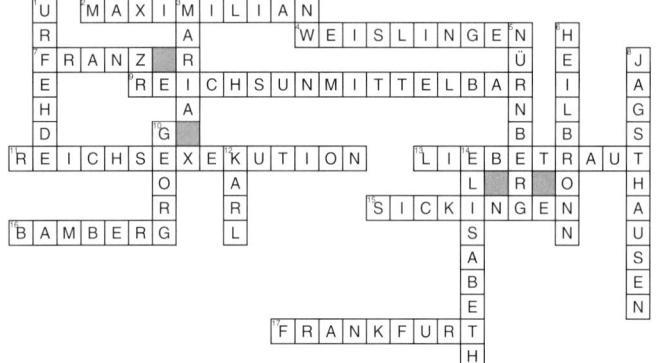

## Waagerecht

| | | |
|---|---|---|
| 2 | Name des Kaisers, der die Reichsacht verhängt | MAXIMILIAN |
| 4 | Jugendfreund und Gegenspieler des Götz | WEISLINGEN |
| 7 | Weislingens Bube | FRANZ |
| 9 | Nur dem Kaiser unterworfen | REICHSUNMITTELBAR |
| 11 | Truppen zur Durchführung der Reichsacht | REICHSEXEKUTION |
| 13 | Spötter am Hof des Bischofs | LIEBETRAUT |
| 15 | Er befreit Götz aus der Haft. | SICKINGEN |
| 16 | Sitz des Bischofs, mit dem Götz in Fehde liegt | BAMBERG |
| 17 | Geburtsort Goethes | FRANKFURT |

## Senkrecht

| | | |
|---|---|---|
| 1 | Götz muss aller Gewalt entsagen, er schwört ... . | URFEHDE |
| 3 | Schwester des Götz, Verlobte Weislingens | MARIA |
| 5 | Kaufleute aus ... werden von Götz überfallen. | NÜRNBERG |
| 6 | Hier ist Götz inhaftiert. | HEILBRONN |
| 8 | Stammsitz des Götz | JAGSTHAUSEN |
| 10 | Götz' Bube und Reitersknecht | GEORG |
| 12 | Sohn Berlichingens | KARL |
| 14 | Vorname von Götz' Frau | ELISABETH |

# Nr. 47: Literarische Begriffe 1: Lyrik

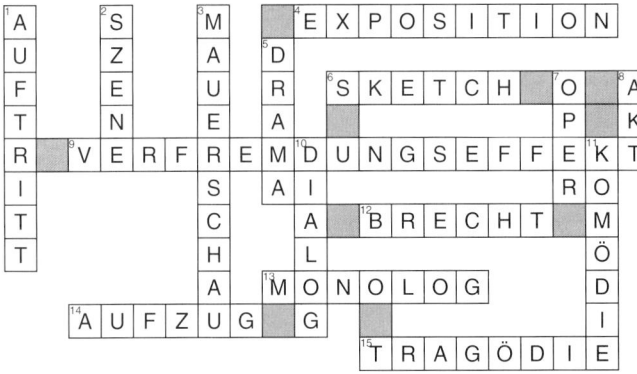

**Waagerecht**

| | | |
|---|---|---|
| 1 | Erzählgedicht | **BALLADE** |
| 2 | Teil eines Gedichts | **STROPHE** |
| 4 | Klagelied | **ELEGIE** |
| 7 | Kehrreim | **REFRAIN** |
| 8 | Versmaß: unbetonte, dann betonte Silbe | **JAMBUS** |
| 9 | Versmaß | **METRUM** |
| 10 | Versmaß: betonte, dann zwei betonte Silben | **DAKTYLUS** |
| 11 | einzelne Zeile eines Gedichts | **VERS** |
| 12 | Versmaß: betonte, dann unbetonte Silbe | **TROCHÄUS** |
| 13 | Versfuß | **TAKT** |

**Senkrecht**

| | | |
|---|---|---|
| 1 | Reim im Versinnern | **BINNENREIM** |
| 3 | Versmaß: zwei unbetonte, dann eine betonte Silbe | **ANAPÄST** |
| 5 | feierliches Gedicht | **ODE** |
| 6 | sechshebiger Vers | **HEXAMETER** |

# Nr. 48: Literarische Begriffe 2: Dramatik

**Waagerecht**

| | | |
|---|---|---|
| 4 | Funktion des 1. Aktes | **EXPOSITION** |
| 6 | gespielter Witz | **SKETCH** |
| 9 | Stilmittel des epischen Theaters | **VERFREMDUNGSEFFEKT** |
| 12 | Begründer des epischen Theaters | **BRECHT** |
| 13 | Selbstgespräch auf der Bühne | **MONOLOG** |
| 14 | dt. Bezeichnung für „Akt" | **AUFZUG** |
| 15 | Trauerspiel | **TRAGÖDIE** |

**Senkrecht**

| | | |
|---|---|---|
| 1 | dt. Bezeichnung für „Szene" | **AUFTRITT** |
| 2 | Teil eines Aktes | **SZENE** |
| 3 | dt. Bezeichnung für „Teichoskopie" | **MAUERSCHAU** |
| 5 | Schauspiel | **DRAMA** |
| 7 | vertontes Schauspiel | **OPER** |
| 8 | Teil eines Dramas | **AKT** |
| 10 | Zwiegespräch auf der Bühne | **DIALOG** |
| 11 | Lustspiel | **KOMÖDIE** |

# Nr. 49: Literarische Begriffe 3: Epik

## Waagerecht

| 2 | Beispielerzählung mit entsprechenden Tieren | FABEL |
| 4 | mündlich überlieferte Erzählung mit wahrem Kern | SAGE |
| 6 | kürzere Erzählung mit offenem Schluss | KURZGESCHICHTE |
| 7 | epische Großform | ROMAN |
| 8 | kürzere Erzählform über besondere Begebenheiten | NOVELLE |
| 9 | mündlich überliefertes Märchen | VOLKSMÄRCHEN |

## Senkrecht

| 1 | Märchen mit bekanntem Verfasser | KUNSTMÄRCHEN |
| 3 | Heiligengeschichte | LEGENDE |
| 5 | erzählende Dichtung | EPIK |

# Nr. 50: Test: Literarische Begriffe

## Waagerecht

| 1 | Stilmittel des epischen Theaters | VERFREMDUNGSEFFEKT |
| 5 | Schauspiel | DRAMA |
| 8 | Heiligengeschichte | LEGENDE |
| 10 | gespielter Witz | SKETCH |
| 11 | Trauerspiel | TRAGÖDIE |
| 12 | Versmaß: betonte, dann zwei unbetonte Silben | DAKTYLUS |
| 13 | Klagelied | ELEGIE |
| 14 | Versmaß | METRUM |
| 15 | einzelne Zeile eines Gedichts | VERS |
| 16 | Teil eines Dramas | AKT |
| 17 | dt. Bezeichnung für „Akt" | AUFZUG |
| 18 | Teil eines Gedichts | STROPHE |
| 20 | Selbstgespräch auf der Bühne | MONOLOG |
| 22 | Versmaß: unbetonte, dann betonte Silbe | JAMBUS |
| 25 | epische Großform | ROMAN |
| 27 | mündlich überlieferte Erzählung mit wahrem Kern | SAGE |
| 29 | Versmaß: betonte, dann unbetonte Silbe | TROCHÄUS |
| 30 | Lustspiel | KOMÖDIE |
| 31 | dt. Bezeichnung für „Szene" | AUFTRITT |
| 32 | kürzere Erzählung mit offenem Schluss | KURZGESCHICHTE |

## Senkrecht

| 1 | mündlich überliefertes Märchen | VOLKSMÄRCHEN |
| 2 | kürzere Erzählform über besondere Begebenheit | NOVELLE |
| 3 | Funktion des 1. Aktes | EXPOSITION |
| 4 | Versfuß | TAKT |
| 6 | Beispielerzählung mit sprechenden Tieren | FABEL |
| 7 | Teil eines Aktes | SZENE |
| 9 | dt. Bezeichnung für „Teichoskopie" | MAUERSCHAU |
| 19 | vertontes Schauspiel | OPER |
| 21 | Erzählgedicht | BALLADE |
| 23 | Begründer des epischen Theaters | BRECHT |
| 24 | Zwiegespräch auf der Bühne | DIALOG |
| 26 | feierliches Gedicht | ODE |
| 28 | erzählende Dichtung | EPIK |